AF502513

ETAT CIVIL
DES CITOYENS,
OU
ANALYSE SOMMAIRE
DU DECRET

Du 20 Septembre 1792, et de celui du 21 Janvier dernier, avec des formules de différents Actes de Naissances, Mariages et décès, pour en faciliter la rédaction aux Officiers Municipaux, Juges de Paix, Commissaires de Police et leurs Greffiers, etc.

Prix 2 liv. 5 sols, broché.

A PARIS,
Chez KNAPEN, Libraire-Imprimeur, rue S. André, en face du Pont S. Michel.

1793.

F.

TABLE

Des Paragraphes et Sections de cet Ouvrage.

Fin de la Table.

ANALYSE

ANALYSE SOMMAIRE

DU DÉCRET du 20 Septembre 1792;

Sur le mode de constater l'état civil des CITOYENS.

ON appelle état civil, la place que l'ordre naturel de la naissance assigne à un individu, dans la société. C'est la fixation précise du rang qu'il doit y occuper un jour; c'est, en un mot, le rapport qui existera entre cet individu, et les autres membres du corps social.

On sent assez, d'après cette définition, de quelle importance il est de constater cet état civil; aussi est-ce un point de législation jugé digne de l'attention des Législateurs; tous, anciens et modernes, se sont occupés de tracer des règles sur cette partie intéressante à l'ordre, et au repos de la société.

D'après les nouvelles maximes religieuses et politiques qui se sont introduites en France, il étoit devenu indispensable de réformer également cette partie de notre législation, et c'est ce qu'a fait l'Assemblée Législative par la Loi du 20 septembre dernier, en conservant à-peu-près les mêmes formes que celles anciennement reçues et établies en 1539, pour la première fois ; elle a substitué les Municipalités aux Curés et Vicaires, et aux Commissaires de Police, dans certains cas, dans les fonctions importantes de constater l'état civil des Citoyens.

L'importance des travaux de l'Assemblée Constituante, et leur multiplicité, ne lui avoit pas permis de s'occuper de cette réforme ; elle s'étoit contentée de l'annoncer, en disant, article 7 du titre 2 de la Constitution, que le Pouvoir Législatif établiroit pour tous les Habitans, sans distinction, le mode par lequel les naissances, mariages et décès seroient constatés, et qu'il désigneroit les Officiers publics qui en recevroient et conserveroient les actes.

Cette Loi, l'un des derniers travaux de la seconde Législature, renferme six titres : le premier traite des Officiers publics, par qui seront tenus les registres des naissances, mariages et décès ; le second, de la tenue et dépôt des registres ; le troisième, des naissances ; le quatrième, des mariages, c'est-à-dire, des qualités et conditions requises pour pouvoir contracter mariage, des publications, des oppositions, des formes intrinsèques de l'acte du mariage, du divorce dans ses rapports avec les fonctions de l'Officier public chargé de constater l'état civil des Citoyens; le cinquième, du décès ; et enfin, le sixième se termine par des observations générales. D'après cet exposé, on juge combien il est essentiel de connoître ces nouvelles règles, pour ne pas compromettre l'existence politique des Citoyens. C'est sur-tout aux Officiers Municipaux des Communes de la campagne, jusqu'ici étrangers à ces fonctions délicates, qu'il importe de les étudier avec attention; et c'est dans la vue de leur faciliter cet examen, que nous allons nous livrer à l'étude de cette Loi nouvelle. Dans ces observations, nous ne nous proposerons pas d'autre ordre, ni d'autre méthode, que celui qui a été suivi par les Rédacteurs de cette Loi : chacun de ses titres et sections différentes, nous fournira la matière d'un paragraphe.

§. PREMIER.

Des Officiers publics par qui seront tenus les registres des Naissances, Mariages et Décès.

La Loi attribue aux Municipalités, le soin de recevoir et de conserver à l'avenir les actes destinés à constater les naissances, les mariages et les décès. (*Article* 1.)

On reçoit ces actes par la déclaration des pères, des témoins, des époux futurs, et des parens ou voisins, pour le décès : on les conserve par le moyen du dépôt qui doit en être fait tant dans les Municipalités, que dans les autres endroits indiqués par la Loi : ces actes sont ceux de naissances, de mariages et de décès.

Pour parvenir à la réception et à la conservation de ces actes, les Conseils généraux des Communes, c'est-à-dire, les Officiers Municipaux, et les Notables de chacune d'elles, doivent nommer parmi les Membres, suivant l'étendue et la population des lieux, une ou plusieurs personnes qui seront désormais chargées de ces fonctions. (*Article* 2.)

Cet article n'a pas indiqué nommément le tems auquel ces nominations devoient se faire ; mais il est facile de suppléer au silence de la Loi, qui semble avoir laissé ce point à la vigilance des Municipalités, et des Conseils généraux des Communes : d'après les articles 1 et 5 du dernier titre, il est aisé de déterminer l'époque à laquelle ces nouvelles nominations doivent se faire. Le premier de ces deux articles porte que, dans la huitaine, à compter de la publication du présent Décret, le Maire, ou un Officier Municipal, sera tenu, sur la requisition du Procureur de la Commune, de se transporter, avec le Secrétaire-Greffier, aux Eglises Paroissiales, Presbytères, et aux Dépôts des registres, de tous les cultes, pour y dresser un inventaire de tous les registres existans entre les mains des Curés et autres Dépositaires, et que les registres courans seront clos et arrêtés par le Maire, ou l'Officier Municipal.

Le second ajoute, qu'aussi-tôt que les registres courans auront été clos, arrêtés et portés à la Maison commune, les Municipalités recevront les actes de naissances, mariages et décès, et conserveront les registres : il en résulte que c'est à la suite de l'inventaire, de la clôture, des arrêtés, et de la translation des registres courans à la Maison commune, que les Conseils généraux des Communes doivent procéder à cette nomination, sur la réquisition du Procureur de la Commune, qui doit la provoquer en exécution de la Loi; c'est-à-dire, dans la huitaine de la publication de la Loi présente.

Le même article n'a pas déterminé non plus le nombre plus ou moins grand des personnes auxquelles ces fonctions sont désormais réservées; il s'est contenté de se renfermer dans la règle générale, en indiquant pour cette mesure l'étendue et la population des lieux : mais, dans ce cas, quelle sera la proportion à suivre; la difficulté ne sera pas pour les Communes peu étendues et bien peuplées! Dans cette hypothèse, il paroîtroit raisonnable de ne nommer qu'une seule personne pour une Commune composée de plus de mille personnes; deux pour celles au-dessus de dix mille; trois pour celles au-dessus de vingt mille, en prenant soin d'augmenter ce nombre d'une personne en raison des dix mille excédant cette proportion.

Quant à la manière de procéder à ces nominations, c'est par la voie du scrutin, et à la pluralité absolue des suffrages, qu'elles doivent être faites ; elles doivent ensuite être publiées et affichées. (*Article 3.*)

Cette publication doit être faite par le Secrétaire-Greffier de la Municipalité ; mais sera-ce un jour de Dimanche ou de marché ? Dans tous les lieux il n'existe pas de marchés, et le Dimanche n'est plus parmi nous un jour absolu de repos et de vacation pour tous les Citoyens. Nonobstant cette remarque, par induction de l'article 3 du titre quatrième, section deuxième, il faut se décider pour le Dimanche ; c'est à ce jour que cette publication doit être faite à l'heure de midi. Après la publication, ces nominations doivent être affichées à la porte extérieure et principale de la Maison commune ; sans doute cette précaution est ordonnée par la Loi, pour que tous les Citoyens puissent prendre connoissance du nom et de la qualité des personnes chargées de ces fonctions, et afin qu'ils puissent proposer contre eux les motifs qu'ils auroient de les en exclure ; et ces motifs pourroient être de deux sortes, soit pour causes d'ignorance, comme si un homme ne savoit ni lire ni écrire, ou bien qu'il eût subi quelque jugement infamant, qu'il eût perdu le titre de Citoyen, ou qu'il fût actuellement dans les liens d'une interdiction; point de doute que, dans tous ces cas et autres semblables, les Citoyens ne soient dans le droit de présenter aux Conseils généraux des Communes les motifs qu'ils ont de les obliger à faire un autre choix; il leur est abandonné par la Loi, et non point comme les autres nominations à la totalité des Citoyens de chaque Commune; mais ce n'est qu'à condition qu'ils fixeront leur choix sur des personnes capables de le mériter par leur probité et par leurs lumières, et de répondre à la confiance que la Loi met en eux pour remplir les nouvelles fonctions qu'elle leur confie.

Ces Officiers publics, dépositaires des registres, une fois nommés par les Conseils généraux des Communes, par la voie du scrutin et à la pluralité absolue des suffrages, et leurs nominations une fois publiées et affichées sans aucune opposition de la part des Citoyens, c'est à eux qu'il appartient exclusivement de recevoir ces actes de naissances, de mariages et de décès, sauf cependant le cas d'absence volontaire ou forcée, ou d'empêchement légitime de leur part, comme pour cause d'affaires, de travaux domestiques, ou de maladie, auquel cas ils doivent être remplacés par le Maire, ou par un Officier Municipal, ou même par un autre Membre du Conseil général à l'ordre de la liste; et c'est le cas prévu par l'article 4 du titre 1.

La Loi ne s'est point expliquée sur le point de savoir si ces Officiers publics seront temporaires, sujets au même mode de renouvellement, que celui adopté pour les Officiers Municipaux ; je le pense ainsi : il y auroit cependant d'excellentes et de nombreuses raisons d'utilité publique, pour désirer qu'ils soient non pas à temps, mais à vie, et inamovibles, si ce n'est le cas de prévarication dans leurs fonctions, et celui d'une destitution légitime et fondée. Le motif d'utilité générale, qui avoit déterminé les Membres de l'Assemblée Constituante à rendre les Greffiers des Juges de Paix inamovibles, afin d'éviter le déplacement fréquent et le divertissement des minutes, s'applique ici et avec bien plus de succès. Ce ne sont pas seulement de simples minutes de jugemens rendus, qu'il s'agit ici de conserver, mais des registres qui contiennent les preuves de l'état des Citoyens. N'est-il point à craindre que ces registres, par les changemens qui surviendront dans les nominations de ces Officiers publics, ne courent mille fois les risques de se perdre, de se déchirer, ou de s'altérer par leur ignorance ou leur négligence ? Il eût été à désirer que l'on eût pu confier ces nouvelles fonctions aux Juges de Paix, dans lesquels on pourroit se flatter de trouver plus de lumières et d'instructions. Mais l'éloignement d'un Juge de Paix, qui suffit seul pour un vaste canton, la difficulté et les inconvéniens sans nombre qui résulteroient du transport du nouveau né, dans un endroit éloigné de celui de sa naissance, n'ont pas permis sans doute aux Rédacteurs de la Loi de se décharger de ces nouveaux soins sur les Juges de Paix, et les ont déterminés à donner la préférence à un Officier nommé à cet effet dans chaque Municipalité, ou dans chaque Section dans les villes qui, comme Paris, exigeroient, par leur immense population, que l'on en augmentât le nombre, et que l'on répandît ces Officiers dans les différentes Sections de la ville, pour la commodité des Habitans.

Aussitôt que ces registres courans auront été clos, arrêtés et portés à la Maison commune, c'est alors que, sur la requisition du Procureur de la Commune, le Maire convoquera le Conseil général, à l'effet de procéder à ces nominations; procès-verbal et détaillé sera dressé du tout, et extrait en sera publié et affiché au desir de la Loi.

§. II.

De la tenue et dépôt des Registres.

Un seul et unique registre, mais double également, auroit pu suffire, comme autrefois, pour y inscrire les actes de naissances, de mariages et de décès; mais, pour une plus grande précaution, la Loi veut qu'il y ait dans chaque Municipalité des registres au nombre de trois, pour constater, l'un les naissances, l'autre les mariages, et le troisième, les décès. (*Article* 1 *du titre* 2.)

Afin d'éviter que l'on ne confonde ces différens registres, il sera bon que l'on écrive en caractères lisibles, sur la couverture de chacun d'eux, ces mots : *Naissances*, *Mariages*, *Décès*.

Quant à leur forme, ces trois registres seront doubles, sur papier timbré ; ce sont les Districts qui sont chargés de les fournir à leurs frais, aux différentes Municipalités de leur arrondissement, et ce sont les Directoires qui les enverront aux Municipalités, dans les quinze premiers jours du mois de décembre de chaque année : ils doivent être cotés par premier et dernier, et paraphés sur chaque feuillet, le tout sans frais, par le Président de l'administration du District, ou, à son défaut, dans le cas d'absence, ou de légitime empêchement, par un des Membres du Directoire, suivant l'ordre de la liste. (*Article* 2.)

Les actes de naissances, mariages et décès, doivent être écrits sur ces registres doubles, de su te, et sans aucun blanc, c'est-à-dire, en ayant soin de les inscrire dans leur ordre de jour et de date, et sans laisser entre eux d'autres intervalles, que ceux qui sont nécessaires pour y recevoir les signatures des Parties intéressées, et de l'Officier public chargé de la réception de ces actes. Les renvois et les ratures doivent être approuvés, et signés de la même manière que le corps de l'acte, en même temps qu'il sera fait. Ainsi l'omission d'un mot, d'un nom propre, ou autres, les corrections ou changemens à faire à ce qui est contenu dans ces actes, doivent être écrits de la main de l'Officier public, approuvés et signés par lui, et par les Parties, ainsi que le corps de l'acte: ces renvois et ratures doivent être faits dans le même temps que l'acte lui-même, et non pas postérieurement à lui, et hors la présence des Parties: il est bon aussi que ces renvois et ratures, au lieu d'être renvoyés, comme on le fait assez souvent, à la marge du registre, soient placés tout uniment à la suite du contenu à l'acte, en les distinguant par des guillemets : cette précaution leur donne une plus grande authenticité, prévient tous les soupçons, et les met à l'abri des altérations, et des pertes mêmes auxquelles peut les exposer la vétusté des registres. On ne doit se permettre aucune abréviation sur ces registres, c'est-à-dire, que tout doit y être écrit en toutes lettres, prénoms, noms, âge, domicile, indication de lieu et de temps : ainsi l'énoncé des jours, mois et années, doit être également inséré non point en chiffres, soit romains, soit arabes, mais en toutes lettres. La Loi, dans toutes ces dispositions, a eu pour but de prévenir les difficultés que la négligence, ou l'oubli de ces formes, pourroit faire naître dans la suite des temps : l'importance dont elles sont pour assurer d'une manière fixe et invariable l'état des Citoyens, celui de leur postérité, justifient suffisamment la sagesse de ces précautions ; il n'est personne qui n'en sente la nécessité. (*Article 3.*)

La Loi, après avoir, dans cet article troisième, déterminé la forme dans laquelle doivent être rédigés ces actes de naissances, mariages et décès, s'occupe, dans le suivant, de la punition des contraventions que des mal-intentionnés se permettroient dans la rédaction de ces actes importans. Ce seroit inutilement que les Loix, attentives à l'intérêt commun des familles, et au bon ordre de la société, auroient voulu que les preuves de l'état des hommes fussent assurées par des actes authentiques, si elles ne veilloient avec une égale attention à prévenir les délits qui nuiroient à la conservation de ces registres; toute contravention sera punie de dix livres d'amende pour la première fois, de vingt livres d'amende pour la seconde, et même *des peines portées par le Code pénal*, en cas d'altération ou de faux. (*Article 4.*)

Pour savoir ce que peuvent être ces contraventions, il suffira de se rappeller les dispositions de l'article précédent. Ainsi si les actes de naissances, mariages et décès, au lieu d'être écrits sur les registres doubles, de suite et sans aucun blanc, ne l'étoient que sur l'un, ou même sur l'un et l'autre, mais sans suite, et en y laissant des blancs, si les renvois et les ratures n'étoient point approuvés, ni signés de la même manière que le corps de l'acte; si l'on s'y étoit permis des abréviations, des dates mises en chiffres, toutes ces irrégularités seroient autant de contraventions soumises aux peines portées par l'article troisième.

Mais, de toutes ces contraventions, les plus graves et les plus punissables, sont l'altération et le faux : l'altération est le changement que l'on se permet de faire à l'énoncé d'un acte, soit dans tout son contenu, soit dans l'une de ses parties essentielles : le faux, est la supposition de personne, de temps ou de lieu que l'on ose y faire, &c.

On nomme faussaire celui qui commet ces faussetés, soit en altérant ainsi un acte authentique, ou sous signature privée, soit en fabriquant une pièce dans la vue d'altérer la vérité au préjudice d'autrui ; et l'on donne le nom de faux au crime que commet le faussaire.

On le distingue en faux principal, et en faux incident, et ces deux espèces de faux sont soumises à des règles particulières à chacune.

Le faux principal, est la poursuite qui s'intente directement contre quelqu'un, pour faire déclarer fausse une pièce dont on craint qu'il puisse tirer avantage.

Le faux incident, est celui qui s'oppose, par forme d'exception, contre une pièce de laquelle la Partie qui la produit prétend tirer avantage.

Le faux peut se commettre également, soit en célant une partie d'un acte, soit en rapportant faux, soit en omettant le vrai, soit en se permettant des suppressions dans les extraits que l'on en tire, pour empêcher que la vérité ne paroisse.

Les peines portées contre le faux sont définies par les articles 40 et suiv. du Code Penal, sect. seconde.

Article 40. Quiconque sera convaincu d'avoir extorqué, par force ou par violence, la signature d'un écrit, d'un acte emportant obligation ou décharge, sera puni comme voleur à force ouverte et par violence envers les personnes, et encourra les peines portées aux cinq premiers articles de la présente section, suivant les circonstances qui auront accompagné lesdits crimes.

41. Quiconque sera convaincu d'avoir méchamment et à dessein de nuire à autrui, commis le crime de faux, sera puni ainsi qu'il suit.

42. Si ledit crime de faux est commis en écriture privée, la peine sera de quatre années de fers.

43. Si ledit crime de faux est commis en lettres de change, ou autres effets de commerce ou de banque, la peine sera de six années de fers.

44. Si ledit crime de faux est commis en écritures authentiques et publiques, la peine sera de huit années de fers.

45. Quiconque aura commis ledit crime de faux, ou aura fait usage d'une pièce qu'il savoit être fausse, sera puni des peines portées ci-dessus contre chaque espèce de faux, &c.

Il est expressément défendu d'écrire et de signer, en aucun cas, les actes sur feuilles volantes, à peine de cent livres d'amende, de destitution et de privation pendant dix ans, de la qualité et des droits de Citoyen actif. (*Article* 5.)

On connoît ce qui constate la qualité de Citoyen actif, et les droits qui y sont attachés.

Aux termes de l'article 2 du titre 3 de la Constitution, section 2, pour être Citoyen actif, il faut :

Etre né ou devenu François.

Etre âgé (actuellement de 21 ans accomplis.)

Etre domicilié dans la ville ou dans le canton, depuis le temps déterminé par la Loi.

Payer, dans un lieu quelconque du royaume, une contribution directe au moins égale à la valeur de trois journées de travail, et en représenter la quittance.

N'être pas dans un état de domesticité, c'est-à-dire, de serviteur à gage.

Etre inscrit dans la Municipalité de son domicile, au rôle des Gardes Nationales.

Enfin, avoir prêté le serment civique.

Les droits de Citoyen actif, sont de pouvoir paroître dans les Assemblées primaires, d'y émettre son vœu, et d'être capable d'élire, ou d'être élu soit aux Charges Municipales, à celles des Départemens, soit à la dignité de Représentans de la Nation.

Les actes contenus dans ces registres, et les extraits qui en seront délivrés, feront foi et preuve en justice, des naissances, mariages et décès. (*Article* 6.)

Ainsi, lorsqu'il s'agira de prouver dans les Tribunaux, l'état civil d'un Citoyen, soit pour l'ouverture d'une succession, le partage d'icelle, la distribution d'un legs ou d'un fidéicommis, les actes contenus dans ces registres, et les extraits qui en seront délivrés feront foi et preuve en justice, dans toutes les contestations de ce genre. Mais la foi sera-t elle toujours due à l'acte? Voici, à cet égard, la distinction que l'on pourroit établir : si l'on veut en faire usage dans l'étendue du Département où l'on est domicilié, il seroit à propos que ces actes ou les extraits d'iceux, soient légalisés par l'un des Membres du Directoire, ou par le Secrétaire-Greffier du District : si l'on veut s'en servir dans celle d'un Département autre que celui de son domicile, alors la légalisation pourroit en être également faite, soit par le Secrétaire-Greffier du Département, soit par l'un des Membres du Directoire : mais dans l'un et l'autre cas, il sembleroit juste d'attribuer quelques émolumens à ces Officiers civils; la raison de la distinction ci-dessus établie, n'a pas besoin d'explication.

La Loi n'a pas soumis les actes inscrits dans les registres, au droit d'enregistrement. (*Article* 7.).

Dans les quinze premiers jours du mois de janvier de chaque année, on fera à la fin de chaque registre une table, par ordre alphabétique, des actes qui y seront contenus. (*Art.* 8.)

Cette nouvelle forme de constater l'état civil des Citoyens, devant commencer au premier janvier 1793, ce sera, aux termes de cet article, dans les quinze premiers jours du mois de janvier 1794, que l'on s'occupera de la rédaction de cette table : on ne peut y mettre trop de soin, y faire avec la plus grande exactitude le relevé des prénoms et des noms, par ordre alphabétique ; ce sont les noms patronimiques, c'est-à-dire, de famille, qu'il faut suivre dans ce travail, en les faisant suivre immédiatement du prénom, ou des prénoms placés entre deux parenthèses, avec le renvoi aux pages, d'après leur ordre numérique, c'est-à-dire, en indiquant par chiffres les pages où ces différens

différens noms doivent se trouver : cette méthode une fois adoptée et mise en pratique avec intelligence, abrégera les recherches, en les rendant plus faciles et plus sûres.

Dans le mois suivant, c'est-à-dire, en février de chaque année, les Municipalités seront tenues d'envoyer à leurs frais, au Directoire de leur District, l'un des registres doubles. (*Art.* 9.)

Pour s'assurer davantage de la fidélité et de l'exactitude de ces registres, l'Officier dépositaire public d'iceux, pourroit, dans les quinze derniers jours du mois de janvier, assisté du Maire et du Procureur de la Commune, faire la collation de ces registres, dont il feroit mention à la fin dudit registre.

C'est aux Directoires de District qu'appartient la vérification de ces actes, pour savoir s'ils ont été dressés, et si les registres ont été tenus dans les formes prescrites. (*Art.* 10.)

Dans les quinze premiers jours du mois de mars, les Procureurs-Syndics de District enverront ces registres aux Directoires de Département, avec les observations des Directoires de District. (*Art.* 11.) Ces observations ne seront pas faites sur ces registres, mais elles seront mises en un ou plusieurs cahiers séparés, sur papier commun; cela suffit, puisqu'elles ne doivent servir que comme des mémoires et instructions nécessaires aux Procureurs-Syndics des Départemens, pour les mettre à portée de connoître et de veiller à la poursuite des contraventions faites aux présentes dispositions.

Ces registres doivent être ensuite déposés et conservés aux archives des Directoires de Département, et les autres registres doubles doivent être déposés et conservés dans celles des Municipalités. (*Articles* 12 et 13.)

Mais par qui et comment ce dépôt doit-il être fait? Le Secrétaire-Greffier du Directoire du Département se contentera-t-il de le déposer tout simplement dans les archives, sans acte de dépôt; et dans les Municipalités, l'Officier dépositaire de ces registres, se contentera-t-il également de placer ce registre dans les archives des Municipalités, sans que rien également ne constate le soin qu'il a eu de se conformer à la Loi? Comme rien de ce qui contribue à la conservation de ces actes précieux à la société, ne doit être indifférent, et comme l'on ne sauroit apporter trop d'attention à les mettre à couvert de tout dépérissement, voici à cet égard les précautions que nous conseillerons; ce seroit, qu'à l'égard des Secrétaires-Greffiers des Directoires, ils ne déposassent ces registres qu'en présence du Président du Directoire, et de l'un des Membres appellés par lui à cet effet; que procès-verbal de ce dépôt fût dressé, signé de lui et du Président, et du Membre du Directoire; et que dans les Municipalités, l'Officier public chargé de la réception de ces actes, ne puisse également déposer les registres dans les archives municipales, qu'en présence du Maire, et de l'un des Notables ; que procès-verbal en soit également dressé, signé de lui, du Maire et du Notable ; et que, dans l'un et l'autre cas, décharge valable leur en soit donnée sur papier commun, après que l'on aura fait mention du jour que ces registres auront été apportés, et après que la grosse aura é é collationnée à la minute, qui doit demeurer dans les archives municipales, ou dans celles des Départemens, et que le Maire, ou le Président du Directoire, aura barré en l'un et l'autre tous les blancs et feuillets qui resteront, le tout sans frais.

Mais comme des quarante-quatre mille Municipalités qui sont répandues sur la surface de l'Empire, toutes n'ont point d'archives, que la plupart même manquent de Maisons communes pour y tenir leurs assemblées, et comme il est essentiel de rassurer les Citoyens sur la conservation de ces registres, ne vaudroit-il pas mieux, au lieu de déposer les registres doubles dans les archives des Municipalités, et de les y conserver, les faire porter, dans le temps indiqué par la Loi, aux archives des Directoires de District, et les autres resteroient toujours déposés et conservés dans celles des Directoires de Départemens. Comme les sièges des Directoires de District se trouvent presque tous placés dans les villes plus ou moins grandes, ou du moins dans des bourgs considérables, on conçoit sans peine que ces registres seront là plus en sûreté qu'ailleurs, et que l'on y trouvera plus de personnes en état de s'acquitter de ce soin. On prévoit sans peine que la Convention ordonnera la réduction des Municipalités, qui sont en trop grand nombre; et, dans ce cas, en viendra-t-on peut-être, par exception à l'article 13, à la mesure de sûreté que nous proposons ici. Ces registres doubles, pourront être déposés et conservés tan dans les archives des Municipalités, que dans celles de Département, dans un coffre ou armoire, ou autre lieu sûr, fermant à clef, laquelle seroit déposée à la Municipalité et au Département.

Dans le cas de changement de l'Officier public, pour cause de destitution, ou autre, l'ancien Officier public remettroit à son successeur les registres qui sont en sa possession, dont on lui donneroit une décharge en papier commun, contenant le nombre et la date desdits registres.

Dans le cas de décès de l'Officier public, le Maire ou autre Officier Municipal, à la réquisition du Procureur de la Commune, ou des Procureurs-Syndics de District, ou de Département, dresseroit procès-verbal du nombre et de la date des registres qui étoient en la possession du défunt, de l'état où il les auroit trouvés, ou des défauts qui pourroient s'y rencontrer, et il auroit soin de parapher chacun de ces registres au commencement et à la fin.

Si l'on avoit apposé un scellé sur les effets de l'Officier public, les registres ne seroient point laissés sous le scellé, mais ils seroient remis entre les mains du Maire, ou autre Officier Municipal, et l'on pourroit commettre quelqu'un de la part du Directoire du District ou du Département, pour la réception provisoire des actes de naissances, mariages et décès, en attendant que l'on ait procédé à une nouvelle nomination, et celui qui auroit été commis à la réception et à la conservation de ces actes, les remettroit au nouvel Officier public; celui-ci les retireroit de ses mains, et lui en donneroit décharge, &c.

Ce sont les Procureurs-généraux-Syndics des Départemens, qui sont chargés des dénonciations et des poursuites, en cas de contravention au présent Décret. (*Article* 14.)

Ces dénonciations peuvent être faites par tout autre que par eux, ou bien par eux-mêmes, à la requête de la Partie intéressée à la punition et à la poursuite de ce quasi-délit; ainsi, dans le cas où l'on produiroit dans une instance, ou dans un procès extraordinaire, l'un de ces actes de naissances, de mariages et de décès, qui seroit altéré ou supposé, rien n'empêcheroit les Procureurs-Syndics de prendre la représentation de cet acte irrégulier et frauduleux, comme dénonciation, et de poursuivre en conséquence l'Officier public de qui il seroit émané, pour faire prononcer contre lui les condamnations portées par la Loi; et cette poursuite dirigée par le Ministère public, ne seroit point un obstacle au particulier qui auroit intérêt à faire rejetter cet acte du procès, ou de l'instruction criminelle, et à se faire même adjuger des dépens, dommages et intérêts, dans le cas où il y auroit lieu d'en prononcer à son profit.

C'est devant les Juges ordinaires, c'est-à-dire, devant les Tribunaux de District que doivent être portées ces dénonciations et ces poursuites, et non point devant les Juges de Paix: tout ce qui est relatif aux questions d'état excède leur compétence ; mais ce qui tient à la première instruction que l'on peut faire pour les dénonciations et les poursuites de ces contraventions au présent Décret, peut être porté devant eux, sauf à eux à renvoyer ensuite sur le fond, aux Juges qui doivent en connoître. Ainsi, par exemple, un Juge de Paix pourroit recevoir une plainte qui seroit portée devant lui, d'une altération, ou d'un faux commis dans la rédaction des actes de naissances, mariages et décès. L'ordre public est intéressé à ce que l'on acquiert promptement les preuves d'un semblable délit.

Tous les dix ans, les tables annuelles faites à la fin de chaque registre seront refondues dans une seule : cette dernière table ne sera que le relevé exact, et par ordre alphabétique également, de toutes les tables précédentes ; mais, pour déterminer une époque fixe et uniforme, la première de ces tables générales ne doi être faite qu'en

1800, la première année du siècle prochain.

Cette table décennale, c'est-à-dire, de l'espace de dix années, doit être mise sur un registre séparé, tenu double, timbré, coté et paraphé.

Ce dernier registre, comme celui des actes de naissances, de mariages et de décès, sera sans doute envoyé aux Municipalités par les Directoires, dans les quinze premiers jours de janvier de chaque onzième année, pour laisser à l'Officier dépositaire des registres, le temps nécessaire à la rédaction de cette table décennale, après avoir été, comme les autres, coté par premier et dernier, et paraphé sur chaque feuillet, le tout sans frais, par le Président de l'Administration du Discrict, ou, à son défaut, par l'un des Membres du Directoire, suivant l'ordre de la liste, aux termes de l'article 2.

L'un des doubles de ces registres, qui contiendra la table décennale, sera envoyé dans les quinze premiers jours du mois de mai de la onzième année, au Directoire de District, qui pourra les vérifier, et y faire ses observations, et il sera transmis dans le mois suivant, par le Procureur-Syndic, au Directoire du Département, pour être placé dans le même dépôt. *Art.* 15, 16 et 17.

Les actes de naissances, mariages et décès, ne sont pas des pièces secrettes ni cachées, dont on ne puisse pas prendre connoissance; il n'en est pas d'eux comme des contrats de mariage, des dispositions de dernière volonté, des transactions, des jugemens, et de tous les autres actes semblables faits entre tels ou tels particuliers, entre telle ou telle famille; la connoissance en est interdite aux étrangers, à ceux qui n'ont ni qualité ni intérêt pour les connoître, la Loi n'ayant pas voulu que l'on allât découvrir inutilement le secret des familles, ou porter une inutile et odieuse inquisition dans les arrangemens que les Citoyens ont jugé à propos de faire entre eux. Les mêmes considérations ne subsistent pas à l'égard des actes de naissances, de mariages et de décès; ce sont là autant de faits physiques et matériels, dont la révélation est permise à tout le monde; aussi chacun est-il libre d'aller à son gré consulter les dépôts qui en renferment les preuves. C'est d'après ces motifs que toutes personnes, sans distinction quelconque, sont autorisées par la Loi à se faire délivrer des extrai s de naissances, mariages et décès, soit sur les registres conservés aux archives des Municipalités, soit sur ceux déposés à celles des Départemens. Chacun a le choix de s'adresser aux unes ou aux autres, suivant sa commodité : la seule condition que la Loi impose à cette faculté, c'est qu'il faut que ces extraits ainsi délivrés, soient sur papier timbré; mais, comme les registres, ils sont exceptés de la formalité de l'enregistrement. (*Art.* 18.) Nous ajouterons, comme nous en avons fait la remarque ci-dessus, que, dans le cas où l'on voudroit faire usage de ces extraits hors de son Département, et qu'ils auroient été délivrés soit par l'Officier public chargé de constater les naissances, mariages et décès, soit par le Greffier de la Municipalité, on pourroit prendre la précaution de faire légaliser l'une et l'autre signature, par l'un des Membres du Directoire du District, ou du Département, suivant la distinction établie ci-dessus. Les dépositaires de ces registres seront donc obligés, sur la demande de ceux qui voudront les faire compulser entre leurs mains, de les représenter pour en être pris des extraits; et, en cas de refus de leur part, ils pourroient y être contraints par toutes voies dues et raisonnables.

La Loi n'a attribué aucuns droits pécuniaires à l'Officier public chargé de ces fonctions; ainsi il ne sauroit rien exiger, lorsqu'il est question de constater, d'après la déclaration des Parties, les naissances, mariages et décès. Mais comme là finit son ministère habituel et journalier, et qu'il n'est pas juste qu'il donne hors de là son temps et ses soins pour rien aux autres, la Loi a pensé qu'il étoit juste de lui attribuer de modiques émolumens, dans le cas où l'on s'adresseroit à lui, pour la délivrance de quelques-uns de ces actes : mais elle n'a permis d'exiger que six sous pour chaque extrait des actes de naissance, décès et publication de mariage, et douze sols pour chaque extrait des actes de mariage, en ce non compris le timbre, dont on doit tenir compte à l'Officier public, ce qui fait huit sols six deniers pour les uns, et quatorze sous six deniers également pour les autres. Voilà quel est le tarif; tout ce qui seroit exigé au delà rendroit l'Officier public, ou le Greffier, coupable de concussion, et le soumetroit aux peines prononcées contre ce crime.

Pour savoir à qui il faut s'adresser pour se faire délivrer ces actes et extraits, il faut distinguer le temps dans lequel on se présente pour les obtenir. Si c'est avant le dépôt de ces registres, c'est à celui qui est chargé de les tenir, auquel on s'adressera. Si c'est après le dépôt, ce sera aux Secrétaires-Greffiers des Municipalités ou des Départemens : ce seront eux qui seront alors chargés d'expédier ces extraits ; mais ils ne pourront pas demander pour leur salaire d'autres droits que ceux fixés par l'article 19.

C'est à celui chargé de recevoir les actes, à tenir les registres courans ; il doit en répondre. La Loi laisse à l'arbitrage des Juges à déterminer les peines auxquelles s'exposeroit celui qui, par une mauvaise intention, ou par une négligence coupable, laisseroit les registres s'égarer sans qu'il soit possible de les recouvrer, ou même se dépérir d'une manière irréparable : c'est aux Tribunaux qu'il appartient alors de distinguer si ce divertissement, ou cette altération provient de la volonté perverse du dépositaire infidèle, ou négligent, ou bien si ces accidens ne doivent point être imputés à une force majeure et imprévue, au dessus de la prudence humaine, comme seroit le cas d'un incendie, d'une inondation, d'une violence ouverte : dans ces hypothèses et autres semblables, l'Officier public chargé de la réception, de la tenue et du dépôt de ces registres, ne pourroit plus répondre de ce qui n'a point été de son fait, des événemens qu'il n'a été en son pouvoir ni de prévenir, ni d'arrêter. La Loi ne punit que les fautes, et non point le malheur. Si les registres venoient à se perdre, ou qu'il n'y en ait jamais eu, la preuve pourroit alors en être reçue tant par titres que par témoins; et, dans l'un et l'autre cas, les naissances, mariages et décès pourroient être justifiés tant par les registres ou papiers domestiques des pères et mères décédés, que par témoins, sauf à la Partie de vérifier le contraire, ainsi qu'aux accusateurs publics; c'est la disposition de l'article 14 du titre 20 de l'ordonnance de 1667, à laquelle le présent Décret n'a pas dérogé. (*Art.* 18, 19, 20 et 21.)

Dans les villes dont l'étendue et la population exigent qu'il y ait plus d'un Officier public, chargé de constater les naissances, mariages et décès, on fournira trois registres doubles à chacun d'eux, et ils seront tenus de se conformer aux règles que l'on vient de parcourir. (*Art.* 22.) Ces registres leur seront envoyés de la même manière et dans la même forme que celle indiquée par l'article 2. Nous avons proposé sur cet article, quel pourroit être à peu près le moyen de proportionner le nombre de ces Officiers chargés de recevoir ces actes, d'après l'étendue et la population des villes.

De ces règles générales et communes à la tenue et au dépôt des registres, établies dans le titre premier, le Décret, dans le second et les suivants, descend à l'explication des règles particulières et applicables à chacun de ces actes de naissances, de mariages et de décès; la Loi a imité la marche de la nature, elle prend l'homme au berceau, le suit dans l'acte le plus important de la vie, qui est le mariage, et ne le quitte qu'au tombeau; l'empire de la Loi doit influer sur toutes les périodes de la vie : commençons donc par connoître la manière de dresser les actes de naissances.

§. III.

Des Naissances.

Il y a plusieurs choses à distinguer dans la manière dont doivent être dressés les actes de naissances; 1°. le temps auquel ils doivent l'être; 2°. la déclaration, qui en est la base; 3°. les personnes qui sont tenues de la faire, et qui sont désignées dans les articles 2, 3 et 4; 4°. l'assistance des témoins; 5°. leur nombre; 6°. leur qualité; et 7°. enfin leur âge.

Les actes de naissances doivent être dressés dans les vingt-quatre heures de la déclaration qui doit en être faite par les personnes que la Loi en charge, et les déclarants doivent être assistés, pour la faire, de témoins au nombre de deux ; peu importe que ces témoins soient mâles ou femelles, parens ou non parens, pourvu qu'ils soient âgés de vingt et un an, qui est l'âge auquel la Loi fixe désormais la majorité. (*Art.* 1 du tit. 3.)

Cet article indique bien le temps dans lequel les actes de naissances doivent être dressés, ce doit être dans les vingt-quatre heures de la déclaration ; mais dans quel délai cette déclaration elle-même doit-elle être faite ? On peut répondre, par induction des différens articles du Décret, que ce doit être dans les vingt-quatre heures de la naissance de l'enfant : elle peut se faire plutôt, mais jamais plus tard, afin d'éviter les inconvénieus majeurs qui pourroient résulter de cette négligence.

Deux témoins suffisent ; la Loi a laissé sur la qualité de ces témoins la plus grande latitude, ils peuvent être de l'un ou de l'autre sèxe, parens ou non parens, il suffit qu'ils soient majeurs ; malgré cette facilité, notre avis seroit de donner la préférence aux témoins mâles, à ceux de l'autre sèxe ; la pudeur, la modestie, les soins intérieurs du ménage, voilà les véritables qualités, et le partage honorable de ce sèxe ; ils doivent passer avant toutes les fonctions publiques : les témoins parens semblent également mériter la préférence sur ceux qui ne le seroient pas ; tous les individus composant une même famille, étant intéressés à l'accroissement qu'elle acquiert, semblent l'être également à concourir à constater l'existence civile de l'enfant qui en augmente les membres. Ainsi ce ne seroit que dans le cas où l'on ne pourroit point absolument se procurer de témoins mâles, ou qui fussent de la famille, que l'on pourroit suivre rigoureusement le mode de la Loi.

Cette déclaration exigée impérieusement par la Loi, doit être faite par trois sortes de personnes; 1°. par le mari, lorsqu'il est présent; si c'étoit un enfant posthume, le curateur au ventre pourroit faire cette déclaration, et en état d'agir; 2°. par le chirurgien ou la sage-femme, qui auront présidé à l'accouchement, si le mari étoit absent, ou dans l'impuissance d'agir, ou dans le cas où la femme accouchée ne seroit pas mariée; et 3°. enfin dans le cas où une femme mariée, ou non mariée accouchera, soit dans une maison publique, comme dans un hôpital, soit dans la maison d'autrui, comme dans une hôtellerie, dans une pension, dans une maison de réfuge ou de force; dans tous ces cas et autres semblables, les personnes qui commanderont dans ces maisons, ou bien qui les dirigeront, seront tenues, comme l'est le mari, de déclarer la naissance. (*Art.* 2, 3 et 4.)

Aucunes de ces personnes désignées par ces articles, ne peuvent, sous quelque prétexte que ce soit, se dispenser de faire cette déclaration ; elle doit être faite en personne, et non point par procureur.

La peine portée contre les contrevenans à ce qui est porté dans ces trois articles, est celle de deux mois de prison ; la poursuite de cette peine est confiée au Procureur de la Commune, devant le Tribunal de Police correctionnelle, et n'empêche point les autres poursuites criminelles en cas de suppression, enlevement, ou défaut de représentation de l'enfant. (*Art.* 5.)

Si le Procureur de la Commune négligeoit, soit par omission, soit par négligence, de faire ces poursuites, elles pourroient l'être, à son défaut, par le Procureur-Syndic du District, qui les dirigeroit alors tant contre les contrevenans, que contre le Procureur de la Commune, chargé par la Loi de veiller à l'exécution de ces articles ; et de même, à défaut du Procureur-Syndic du District, ces poursuites pourroient être faites à la réquisition du Procureur-général-Syndic du Département ; cette marche n'a rien qui blesse la hiérarchie établie entre les pouvoirs constitués.

La suppression est le crime de ceux qui soustraient un enfant, nouveau né à la société, et à la famille dans laquelle il entre ; l'enlevement ou le défaut de représentation, tient à ce crime.

Lorsque les Tribunaux, chargés du maintien de l'ordre public, ont lieu de craindre, dans ces sortes de matières, que l'on ne commette, par le principe d'une honte mal placée, ou d'une cupidité aveugle, quelques-uns de ces crimes, en constatant ou en reconnoissant l'état de l'enfant, ils peuvent et doivent, pour prévenir les atteintes que l'on y porteroit, obliger les parens légitimes, ou naturels, à la représentation de l'enfant, à des époques indiquées ; à la diligence de ceux qui exercent le Ministère public ; quelquefois même, le Juge peut indiquer l'endroit où l'enfant sera élevé, et obliger ceux à qui on le confie, de certifier à la justice son existence.

Quoique cet article ne parle pas du crime de supposition de part, il ne faut pas douter qu'il ne soit tacitement compris dans sa disposition : supposer à quelqu'un l'existence d'un enfant qui ne lui appartient pas, l'introduire dans une famille qui n'est pas la sienne, le mettre dans le cas de partager un jour l'héritage des enfans légitimes, n'est pas un moindre délit que celui de supprimer, d'enlever, ou de ne pouvoir représenter un enfant qui vient de naître. Ainsi le chirurgien, ou la sage-femme, comme les personnes qui commandent dans la maison publique, ou qui ont la direction de celle d'autrui, dans laquelle une femme mariée ou non mariée seroit accouchée, qui, par une déclaration mensongère, donneroient à un tiers un enfant qui ne lui appartiendroit pas, s'exposeroient à ces poursuites criminelles réservées par l'article 5.

Il y a même certains cas où le mari lui-même pourroit se pourvoir contre les déclarations de paternité qui

qui seroient faites contre lui. Ces cas sont rares à la vérité, et extrêmement délicats; mais ils existent néanmoins, et leur solution dépend d'un concours de circonstances, que la sagacité des Juges démêleront. Ainsi, au bout d'une longue absence, d'une impuissance physique et notoire, d'une non cohabitation commune, opérée par le divorce, le mari seroit autorisé à se prémunir par une déclaration motivée, qu'il feroit lui-même entre les mains de l'Officier public, contre les honneurs et le poids d'une paternité équivoque et supposée; mais il faut que ces empêchemens soient bien constans, bien authentiques; sans cela, ils échoueroient contre ce grand principe, qui veut que l'on reconnoisse pour le véritable père celui que désigne un mariage légitime. La Loi présume toujours en faveur de l'honnêteté des femmes, et jette un voile officieux sur les mystères du lit nuptial.

C'est à la Maison commune, ou autre lieu public servant aux séances de la Commune de l'endroit où il naît, que l'enfant doit être porté; là il doit être présenté à l'Officier public, chargé de recevoir les déclarations : ce transport de l'enfant n'est ordonné par la Loi, que lorsqu'il peut se faire sans préjudicier à la vie de l'enfant; car s'il y avoit péril imminent, l'Officier public sera tenu, sur la requisition qui lui en sera faite, soit par le père, soit par le chirurgien, la sage-femme, ou les autres personnes obligées de faire cette déclaration, de se transporter dans la maison où sera le nouveau né. (*Art.* 6.)

Nous observerons sur cet article, qu'il sera de la sagesse de la Convention, si son projet est de réduire le nombre des Municipalités, afin d'éviter les fatigues d'un pareil transport, et le danger même qu'il pourroit y avoir pour l'existence de l'enfant, s'il falloit aller chercher si loin un Officier public, de laisser, en réduisant les Municipalités, dans chacune d'elles, un Citoyen, sous le nom de

Syndic, ou d'une autre dénomination quelconque, chargé de constater l'état, et de recevoir ces déclarations.

Jamais celui-ci ne pourra se refuser de se transporter dans la maison où sera l'enfant, toutes les fois que l'on jugera que l'enfant ne pourra, sans danger, être porté à la Maison commune.

La déclaration qui doit être faite, doit contenir quatre choses, le temps, la qualité de l'enfant, celle des père et mère, et celle des témoins; 1°. le temps, c'est-à-dire, le jour, l'heure et le lieu de la naissance; 2°. la qualité ou la désignation du sèxe de l'enfant, savoir si c'est un garçon ou une fille; et s'il étoit hermaphrodite, c'est-à-dire, s'il participoit également de l'un et de l'autre sèxe, on le rangeroit dans celui qui prédomine le prénom qui lui sera donné; par-là le Décret semble interdire la faculté de donner désormais à un enfant plusieurs prénoms, ce qui est assez sage, en ce que cela tend à éviter la confusion dans les généalogies; et nous ajouterons à cette précaution, qu'il ne seroit pas moins prudent d'avoir soin de ne jamais donner à l'enfant le prénom du père, ou même du grand-père; alors on ne court point de risques de confondre dans la suite les différentes tiges d'une même famille; 3°. la qualité des père et mère, ce qui renferme leurs prénoms et leur nom, leur profession et leur domicile; 4°. enfin la qualité des témoins, leurs prénoms ou noms, s'ils sont mâles ou femelles, parens ou non parens, leur profession et leur domicile. (*Article* 7.)

Nous ne saurions trop recommander, et singulierement aux Officiers qui seront nommés dans les Municipalités de campagne, d'apporter la plus grande attention, en recevant cette déclaration, d'en bien concevoir toute l'étendue, de s'étudier à écrire de la manière la plus lisible, et avec l'ortographe la plus exacte, les prénoms, les noms propres de l'enfant, des père et mère et des témoins, le jour, l'heure et le lieu de la naissance; ce sont là les points capitaux, la moindre erreur que l'on y commettroit peut avoir par la suite les conséquences les plus sérieuses: c'est aux Communautés à se bien pénétrer de l'importance de ces fonctions, et à ne les confier, dans les choix qu'ils feront, qu'à des personnes intelligentes, et qui soient en état de les bien remplir: il eût été à désirer, qu'en les retirant des mains de ceux qui les avoient exercées jusqu'ici, on eût pu y attacher quelques émolumens au profit de ceux qui doivent désormais le faire.

L'acte en sera dressé de suite sur le registre double à ce destiné: il sera signé par trois sortes de personnes; 1°. par le père, ou par les autres personnes qui auront fait la déclaration; 2°. par les témoins ou par l'Officier public; et dans le cas où aucun des déclarans et témoins ne peuvent ou ne savent signer, il en sera fait mention par l'Officier public. (*Art.* 8.)

S'il s'agissoit d'un enfant qui auroit été exposé, le Juge de Paix, ou l'Officier de Police qui en aura été instruit, sera tenu de se rendre sur le lieu de l'exposition, d'y dresser son procès-verbal de l'état de l'enfant, de son âge apparent, des marques extérieures, tels que vêtemens et autres indices qui peuvent éclairer sur sa naissance, et il recevra aussi les déclarations de ceux qui auroient quelques connoissances relatives à l'exposition de l'enfant. (*Art.* 9.)

Le Juge de Paix, ou l'Officier de Police, remettra, dans les vingt-quatre heures, à l'Officier public, une expédition de ce procès-verbal, qui sera transcrit sur le registre double des actes de naissances. (*Art.* 10.)

Le transport du Juge de Paix dans les campagnes, et de l'Officier de Police dans les villes, son procès-verbal d'exposition de l'enfant, la remise d'icelui à l'Officier public, l'expédition de ce procès-verbal, sa transcription sur le registre double des actes de naissances, tout cela se fera sans aucuns frais; et toutes personnes seront reçues à instruire le Juge de Paix, ou l'Officier de Police, de l'exposition de l'enfant. (*Art.* 11.)

L'Officier public donnera un nom à l'enfant, comme il le jugera à propos, et l'on pourvoira ensuite à sa nourriture et à son entretien, suivant les Loix qui seront portées à cet effet. Il n'est pas de notre ressort d'examiner quelles seroient les meilleures que l'on pourroit faire sur un point qui intéresse aussi essentiellement l'humanité, ce seroit la matière d'un travail particulier; les changemens introduits dans notre législation, ont rendu les moyens d'y pourvoir, sans en charger le trésor public, beaucoup plus difficiles à trouver: attendons sur ce point ceux que nos Représentans nous ouvriront.

Le ministère des Officiers publics,

chargés de constater l'état des Citoyens, est un ministère absolument passif; ils ne peuvent que recevoir purement et simplement les déclarations qui leur sont faites par le père et les témoins, et les autres personnes désignées par la Loi, sans pouvoir y ajouter d'eux-mêmes aucunes réflexions, ni réticences; ils doivent se borner à recevoir les déclarations telles qu'elles leur sont faites, et de les rendre littéralement dans l'acte qu'ils doivent en dresser : s'il en étoit autrement, tout seroit dans l'incertitude, ils deviendroient les maîtres d'enlever à un Citoyen son état, de lui en assigner un qui n'est pas le sien, ou de répandre des obscurités et des incertitudes sur l'existence civile; en un mot, ils distribueroient à leur gré les rôles dans la société : aussi est-ce pour prévenir d'aussi graves inconvéniens, qu'il leur est défendu expressément d'insérer par leur propre fait, dans la rédaction des actes, ni sur les registres, aucunes clauses, notes ou énonciations autres que celles contenues aux déclarations qui leur seront faites ; et la peine prononcée dans ce cas, est celle de la destitution, qui pourra être prononcée par voie d'administration, c'est-à-dire, sans qu'il soit nécessaire de se pourvoir contre eux dans les Tribunaux, et par les voies ordinaires, de plainte et d'instruction juridique, par les Directoires de Département, sur la dénonciation soit des Parties, soit des Procureurs des Communes, ou Procureurs-Syndics de District, et sur la requisition des Procureurs-généraux Syndics. (*Art.* 12.)

Ainsi, je suppose qu'un enfant soit porté dans la Maison commune, et présenté à l'Officier public, et que là, le père et les deux témoins lui déclarent que c'est l'enfant d'un tel et d'une telle femme, il faut qu'il reçoive cette déclaration, sans y ajouter par son propre fait d'autres clauses, notes ou énonciations, quand bien même il auroit pardevers lui la certitude morale de l'imperfection ou même de la fausseté de cette déclaration ; il ne peut pas même, dans la rédaction des actes, se servir de termes équivoques ou ambigus, qui pourroient répandre quelques nuages sur cette déclaration, et donner à penser qu'il avoit quelques incertitudes sur sa sincérité. Il ne faut pas qu'il attribue par son propre fait le rang de la légitimité, à celui que l'on lui présenteroit comme né hors le mariage, ni qu'il flétrisse de la honte du concubinage le fruit d'une union avouée par la Loi, en ajoutant, par exemple, à la marge du registre, ou à la suite de l'acte, que cet enfant est né d'un commerce scandaleux et illicite. En un mot, il doit recevoir les déclarations telles qu'elles lui sont faites, et sans se permettre de les dénaturer, et d'y rien changer.

Ces Officiers publics ne doivent même pas se permettre de faire aucunes interpellations sur les déclarations qui leur seront faites par ceux qui leur présenteront l'enfant ;

à son égard, l'Officier public doit certifier seulement, par sa signature, que les père, témoins, chirurgien, sage-femme et autres personnes désignées par le Décret, ont fait telles ou telles déclarations en lui présentant l'enfant : il ne lui est pas permis d'entrer en connoissance du mérite de ces déclarations, et encore moins d'exprimer, même dans les actes, son sentiment personnel sur le fond de ces déclarations, par différentes clauses ou énonciations, selon la manière dont il s'en trouveroit affecté, et cela parce qu'il ne sauroit excéder les bornes du pouvoir de rédiger ces actes, qu'il ne tient que de la Loi, ni supprimer, altérer ou affoiblir par son propre fait, la forme dans laquelle il a été ordonné que ces actes seroient rédigés, et les termes dans lesquels les déclarans ont exprimé leurs déclarations. La Loi, par ces précautions, veut éviter que l'on ne répande des nuages sur la possession de l'état de chaque Citoyen.

L'état, c'est-à-dire, cette existence civile, qui etablit dans la société nos droits, nos rapports de famille, nos facultés légales et nos devoirs, étant un des biens les plus précieux, est par là même sous la protection la plus spéciale des Loix : tout être vivant dans la société a des droits acquis à cette protection tutélaire ; la Loi nous interdit à tous les actes frauduleux et oppressifs, qui tendent à supprimer et à affoiblir l'état du Citoyen. Il l'acquiert sans aucune coopération de sa part, par le seul fa t de son existence ; il ne peut le perdre par son propre fait, parce que son état n'est pas à lui seul, il appartient à la société entière.

Un des crimes les plus punissables que quelqu'un puisse commettre contre un autre, est le crime de suppression d'état : les tentatives pour le supprimer, pour y répandre des nuages, encore même qu'elles n'aient pas réussi, doivent être punies par des peines sévères, parce que, s'il n'est pas permis d'attenter à la propriété d'autrui, même sur des objets de peu de valeur, bien moins encore peut-il être permis de porter atteinte à la plus précieuse de ses propriétés.

Remarquons que l'article 7 ci-dessus, en réglant la forme dans laquelle ces déclarations doivent être faites, n'exige que la mention du jour, de l'heure, du lieu de la naissance, de la désignation du sèxe de l'enfant, du prénom qui lui sera donné, des prénoms et noms de ses père et mère, de leur profession et de leur domicile, des prénoms, noms, profession et domicile des témoins.

Les noms de légitime, et de mari et de femme, ne sont point de la substance de ces actes, et ne sont point ordonnés par la Loi : aussi notre avis seroit-il, pour prévenir les difficultés dont ils ont souvent été la source et le motif, de les bannir, et de les exclure entierement de la rédaction de ces actes, non-seulement comme inutiles et superflus, mais encore comme dangereux.

Ils le sont, puisque cette dernière Loi, à l'exemple de celles qui étoient anciennement en vigueur sur cette importante matière, s'abstient de l'ordonner, ce qu'elle n'eût pas manqué de faire, si elle les eût jugé nécessaires ; elle ne les a point ordonnés, afin sans doute que l'état des hommes ne dépendît pas d'une simple énonciation, et par cette grande raison d'équité, d'honnêteté et d'ordre public, que la légitimité est toujours légalement acquise par le seul fait de la naissance, tant qu'il n'y a pas de preuve d'illégitimité : de même que l'innocence est toujours légalement acquise à chacun des membres de la société, et est, pour chacun d'eux, son état légal et naturel, tant qu'il n'y a pas de preuve de crime.

On doit faire mention du jour et de l'heure de la naissance, afin que, par l'extrait des registres, l'on puisse prouver le temps de la majorité, ou de la minorité. La Loi ordonne également de faire mention du lieu de la naissance, mais elle n'ordonne pas de faire mention des qualités, de *légitime*, de *mari* et *femme*, &c. Et pourquoi? parce que ces qualités résultent légalement de la présentation publique de l'enfant à la Maison commune, et à l'Officier public, et du défaut de mention d'illégitimité. La qualité de fils est un titre d'honneur par lui-même, il est suffisant pour emporter de plein droit la qualité de mari et femme, dans les auteurs de ses jours; *filium eum definimus qui ex viro et uxore ejus nascitur.* Ainsi, aux yeux de la Loi, fils et fille, mari et femme, sont deux corrélatifs, dont l'un suppose nécessairement l'autre; le fils est celui qui naît de l'épouse, et par cela seul qu'il est qualifié fils, la mère est épouse. Tenons-nous en donc rigoureusement aux termes de l'article, dans la rédaction de ces actes de naissances, et écartons-en soigneusement les mots de légitime, de mari et femme.

Mais aussi, lorsqu'un Citoyen sera enfant naturel, il faudra le laisser tel, sans porter atteinte à l'acte constitutif de son état, quel qu'il soit.

Lorsqu'un enfant sera présenté à la Maison commune, et à l'Officier public, comme fils ou fille de père et mère inconnus, on exprimera cette circonstance purement et simplement, et sans se permettre également aucune interpellation, ni réflexion.

Lorsque ce sera un enfant naturel, il faudra faire mention de ce vice de sa naissance, en se servant de ce mot, fils ou fille naturel, pour distinguer ce second cas du premier, où l'enfant n'appartiendroit qu'à des père et mère ignorés; car souvent l'indigence force des pères et mères à abandonner leurs enfans à la commisération publique, en les exposant, et ces enfans peuvent être, dans ce cas, les fruits d'une union légitime, mais dont les auteurs veulent demeurer inconnus. La non révélation des père et mère, ou de l'un d'eux, ne suffiroit pas alors pour déterminer l'illégitimité de l'enfant; il ne faut point user, dans tous ces cas, de termes équivoques, comme pourroient être ceux-ci, *que l'on nous a dit être de père et mère inconnus, ou de parens inconnus*; car on pourroit en conclure que, s'ils sont inconnus à l'Officier public, ou aux témoins, ils peuvent fort bien ne pas l'être à d'autres, et delà naîtroient des difficultés et des recherches, qui jetteroient le trouble et la confusion dans la société.

Personne n'ignore que les Loix ayant établi la nécessité de tenir des registres, sur lesquels seront inscrits les actes de naissances, ont par cela seul établi que ces preuves feroient une foi entière de ce qu'ils constateroient. Elles ont pourvu par-là, d'une manière satisfaisante, au moyen de constater l'état des Citoyens; la preuve testimoniale seule ne peut donc jamais être admise en pareille matière, elle ne sauroit l'être par les dangers sans nombre qui en seroient la suite inévitable. Si avec le secours d'une semblable preuve, on pouvoit opérer de parcilles métamorphoses, l'état des hommes ne seroit plus que le jouet de l'audace et du caprice. S'écarter de cette preuve écrite, l'abandonner, la détruire, en y substituant ce que viendroient déposer des témoins complaisans ou séduits, pour donner à l'enfant présenté à l'Officier public, un nom et la place qu'ils indiqueroient, ce seroit ébranler la foi publique ; les preuves écrites deviendroient soumises aux dangers et aux incertitudes de la preuve testimoniale.

Il n'est qu'un cas dans lequel il seroit permis de recourir à cette preuve, c'est lorsque celui qui forme sa demande en réclamation d'état, a en sa faveur ou un commencement de preuve par écrit, ou la possession d'état.

On ne connoît en cette matière que deux preuves, le titre constitutif de l'état, c'est-à-dire, l'acte de naissance, et ce qui suppléeroit ce titre, dans le cas où il n'existeroit pas, ou ce qui le confirmeroit, ou le corroboreroit même, quand il existe la possession d'état.

La preuve testimoniale pourroit bien être quelquefois admise, pour tenir lieu de l'acte de naissance, ou pour établir la possession d'état ; mais jamais pour contrarier un acte de naissance existant, ou pour détruire une possession d'état établie.

Ou l'on est attaqué dans un état dont on est en possession, ou l'on réclame un état dont on n'a jamais joui : dans le premier cas, la possession suffit à celui qui est attaqué, il n'a pas besoin de recourir aux monumens publics, ni à aucun autre genre de preuves ; il possède, et, à ce seul titre, on ne peut pas hésiter à le maintenir : dans le second cas, celui qui réclame un état dont il n'a jamais joui, trouvant le même obstacle de la possession, ne peut réussir dans son entreprise, s'il n'a en sa faveur des titres solemnels qui prouvent que la passion et l'injustice l'ont dépouillé.

De ces vérités, que la raison dicte seule, et qu'elle grave, pour ainsi dire, dans le cœur de tous les hommes, naît une conséquence qu'il faut toujours avoir présente à l'esprit, c'est qu'il ne peut jamais se former une question sérieuse sur l'état d'un Citoyen, quand les titres et la possession sont d'accord à son égard, soit que ces preuves se réunissent pour confirmer l'état qu'on lui conteste, soit qu'elles se réunissent pour l'exclure de l'état auquel il aspire.

La raison en est sensible, c'est que les deux genres de preuves destinées à fixer l'état des hommes, se réunissant ou pour confirmer l'état de celui qui est troublé, ou pour exclure l'état de celui qui réclame, tout autre genre de preuves est nécessairement impuissant; la Loi naturelle a établi la preuve qui naît de la possession publique; la Loi civile et politique a établi celle qui naît des registres : l'autorité que forme le concours de ces preuves est inébranlable ; la preuve testimoniale n'est pas d'un poids et d'un caractère qui puissent leur être opposés.

La possession d'état publique et reconnue, suppléeroit à l'acte de naissance, dans le cas où il n'y en auroit jamais eu de dressé, et où ceux qui l'auroient été se seroient perdus dans un incendie, une ruine ou un naufrage ; mais une possession d'état, même contraire au titre constitutif de la naissance, ne seroit d'aucune autorité.

Il ne faut pas confondre le cas où, dans l'acte, on auroit donné à l'enfant une fausse légitimité, avec celui où l'on auroit enlevé à un enfant son état légitime, pour lui donner celui de bâtardise, *et vice versâ*, où l'on auroit fait disparoître cette tache originelle, pour attribuer à l'enfant cette fausse légitimité, ou lui en attribuer une qui ne seroit pas la sienne.

Si, antérieurement à la publication de la présente Loi, quelques personnes avoient négligé de faire constater la naissance de leurs enfans dans les formes usitées, elles sont tenues, dans la huitaine qui suivra la publication de la présente Loi, d'en faire la déclaration, conformément aux dispositions qui y sont portées. (*Article* 13.) Cet article regarde les non Catholiques, les disciples de toutes les sectes, Protestans, Juifs, &c. &c., comme les non-conformistes qui auroient négligé de constater la naissance de leurs enfans, par les formes que la Loi avoit établies pour chacun d'eux.

Ainsi, par exemple, les personnes qui, par les scrupules d'une conscience timorée, et ne distinguant pas, lors de la présentation à l'Eglise, le fait relatif au sacrement de Baptême, d'avec le fait relatif à l'existence purement civile, attestée par la signature de ceux qui ont administré le sacrement de Baptême, &c., se seroient fait un crime de porter leurs enfans aux Fonts baptismaux des Paroisses de nouvelle circonscription, et qui auroient pris le parti de les faire baptiser, soit dans des chapelles particulières ou domestiques, soit même dans l'intérieur de leurs maisons, par un Prêtre commis par eux à cet effet, en présence de leur famille, parens et amis, et même de notaires et de témoins, invités à cette cérémonie, sont compris dans cette disposition penale. Comme ces formalités particulières ne sont pas celles indiquées par les Loix encore en vigueur, pour constater l'état civil des Citoyens, ce présent article les soumet, quoiqu'ils aient fait baptiser clandestinement leurs enfans, à les porter, pour assurer leur état, dans le plus court délai, aux Maisons communes des Municipalités de leur domicile, et à les présenter, assistés de deux témoins idoines, à l'Officier public, chargé de recevoir leur déclaration, lequel en dressera l'acte sur les registres, à la date de ladite déclaration.

§. IV.

MARIAGES.

Des qualités et conditions requises pour contracter mariage.

Autrefois le mariage (*a*) étoit considéré parmi nous comme contrat civil,

---

(*a*) Le mariage est l'union de l'homme et de la femme, qui sont unis par une même habitude de vivre.

On contracte un mariage légitime, lorsque ceux qui se joignent ainsi, le font suivant la disposition des Loix, qu'ils ont atteint l'âge de puberté, la procréation des enfans étant le but de l'institution du mariage, et que, s'ils sont enfans de famille, ils ont obtenu le consentement de leurs père et mère, &c.; ce consentement est un point indispensable à la validité du mariage; les Loix civiles le veulent ainsi, et la raison naturelle concourt avec elles pour établir sur un acte aussi important de la vie, la requisition et l'obtension du consentement des pères et mères; ce sont eux qui sont les chefs de la famille, et ce seroit faire injure et à leur qualité, et à leur autorité, que civil, et comme sacrement. Sous le premier rapport, il étoit sujet à différentes formalités, et il étoit suivi des effets civils : sous le second, élevé à la dignité de sacrement par les Loix Canoniques, et par la bénédiction du Prêtre, cet engagement étoit indissoluble de sa nature ; la mort seule pouvoit le rompre.

Mais depuis que nos Loix ne reconnoissent plus ni vœux religieux, ni aucun autre engagement qui seroit contraire aux droits naturels, ou à la constitution, le mariage n'est plus considéré parmi nous que comme contrat civil.

---

de mettre dans cette famille des individus qu'ils n'auroient point approuvés : *Nam hoc fieri debere, et civilis et naturalis ratio suadet in tantum ut jussus parentis precedere debeat* : les Loix civiles peuvent bien changer les dispositions qu'elles-mêmes ont établies, mais elles ne sauroient rien changer à celles qui dérivent du droit naturel. Les Romains avoient fixé la puberté des mâles à 14 ans accomplis, et les filles étoient censées nubiles à 12 ans accomplis. *Instit. liv. 1, tit. 22.*

Mais enfin, sous cet unique rapport, ce contrat doit être soumis à de certaines règles, et ne point être abandonné aux appétits déréglés d'un intérêt ou d'une passion mal entendu. Ces règles se renferment naturellement dans les qualités et les conditions requises pour pouvoir contracter mariage.

La première et la plus essentielle de ces conditions, est d'avoir atteint l'âge nubile : comme le but de cette union, est la procréation des enfans, il faut être capable d'y coopérer pour former cette union. La Loi, se conformant à la marche ordinaire et commune de la nature, a fixé cet âge, et par conséquent la faculté de se marier, à quinze ans révolus pour les hommes, et à treize ans également révolus pour les filles. Remarquons bien, que le principe trivial, qui veut que l'année commencée soit réputée pour complette, ne peut pas s'appliquer ici : il faut que les quinze et les treize ans soient expirés, pour que l'on puisse contracter le mariage : ce n'est donc qu'à la première heure de la seizième année pour les hommes, et de la treizième pour les filles, que l'on peut se marier. (*Tit.* 4, *art.* 1.)

La majorité, autrefois fixée à 25 ans accomplis, l'est actuellement à 21 ans accomplis. (*Art.* 2.)

Ainsi, à cet âge un enfant pourra se marier sans avoir besoin du consentement de ses père et mère, contre leur gré, sans être obligé de le requérir par ce que l'on appelloit des sommations respectueuses, que l'on ne pouvoit faire qu'à 30 ans pour les garçons, et qu'à 25 pour les filles. L'Assemblée Constituante avoit conservé la vingt-cinquième année pour l'époque de la majorité, (*tit.* 3 *de la Constitution*, *art.* 2 *du chapitre premier*, *section seconde.*) L'âge de 21 ans paroît un âge encore bien foible et bien inexpérimenté, pour laisser un jeune homme contracter ainsi de lui-même un engagement aussi sérieux que celui du mariage : peut-être eût-il été à souhaiter, pour l'amélioration des mœurs, et pour le maintien de la société, que l'on eût conservé sur la majorité, nos règles anciennes : et combien d'écrivains profonds et sages, n'ont-ils pas montré les avantages que la société retireroit du rétablissement de l'autorité paternelle, dans toute l'étendue de l'empire, telle qu'elle existoit dans nos provinces appellées de droit écrit. L'autorité paternelle est, sans contredit, la première, comme la plus sacrée des sources de toutes les autorités qui se sont établies dans le monde ; son origine remonte aux temps les plus reculés, elle est le garant le plus ferme de la soumission du Citoyen aux Loix de son pays, et de son respect pour ceux qui sont chargés de les faire exécuter. La piété filiale est le séminaire de toutes les vertus politiques : loin donc de délier et de relâcher ce lien de la puissance paternelle, déjà si foible dans nos usages, on auroit dû le resserrer plus étroitement, sur-tout dans un siècle où la corruption, le libertinage, le luxe et l'esprit d'indépendance, persuadent à la jeunesse de se soustraire au joug salutaire de l'autorité paternelle. Un enfant majeur de 21 ans, pour se mettre à couvert d'une exhérédation bien méritée, par une union disproportionnée ou extravagante, n'aura plus besoin de recourir aux sommations respectueuses! Ne doit-on pas craindre qu'une pareille condescendance laissée aux enfans, ne tende à isoler les pères et mères de leurs enfans, et à réfroidir ces sentimens de respect et de confiance, qui doivent naturellement régner entre eux?

Il n'y a que le cas de minorité où les enfans âgés de moins de 21 ans, ne pourront se marier sans le consentement des personnes desquelles ils sont obligés de l'obtenir; et ces personnes sont les pères et mères, les parens ou les voisins.

Lorsque le père existe, le mineur ne sauroit se marier sans son consentement; mais aussi, dans ce cas, est-il seul suffisant : on peut se passer de celui de la mère, à laquelle on ne le demande que *honoris causâ*.

Si le père étoit mort, ou interdit pour cause de démence, il faudroit alors que le mineur obtînt le consentement de la mère, qui, dans ce second cas, suffira également.

Je serois d'avis que l'on distinguât les causes d'interdiction ; si c'étoit pour cause de démence, comme il faut avoir une volonté pour pouvoir consentir à quelque chose, et qu'un fou ou un furieux ne peut jamais être censé en avoir une, point de doute, qu'alors on ne puisse se passer, aux termes du Décret, du consentement du père, incapable d'en donner un. Mais la solution ne doit-elle pas être différente dans le cas où la cause de l'interdiction ne proviendroit pas du défaut de volonté, ou d'une incapacité morale et physique, mais simplement d'un manque d'arrangement dans ses affaires, d'ordre et d'économie dans l'administration intérieure et domestique ? Par exemple, si un père étoit interdit pour cause de dissipation et de prodigalité, comme la dissipation ou la prodigalité n'est pas un état habituel de l'ame; que ce vice, qui ne nuit qu'au prodigue et à sa famille, ne lui enlève pas ses facultés, ne les obscurcit pas, et qu'il peut conserver sur tous les autres points un jugement très-sain, je ne vois pas où seroit le motif de s'en tenir rigoureusement à la lettre de la Loi, et de se passer du consentement du père, lorsqu'il peut le donner. J'irois même plus loin, et j'ajouterois que si un père, interdit pour cause de démence, avoit des intervalles considérables de bon sens et de raison, comme cela se voit assez ordinairement, on pourroit également requérir son consentement.

Les pères et mères sont les juges naturels et légitimes de ce qui peut convenir le mieux à leurs enfans, dans les établissemens qui se présentent pour eux. Leur expérience, qui les garantit des prestiges de la passion, leur tendresse, les rendent plus clairvoyans sur leurs véritables intérêts ; ils sont des appréciateurs plus froids et plus désintéressés des convenances, de l'état, du caractère et des mœurs : d'ailleurs, le respect et la reconnoissance ne sont-ils pas des motifs suffisans, pour que les enfans, dans une action aussi importante, les consultent, et ne fassent rien que d'après leurs impressions ? Chefs de leurs familles, ne leur appartient-il pas naturellement d'adopter ceux ou celles qui doivent y être admis, et de leur en ouvrir l'entrée, puisqu'ils sont destinés à les perpétuer ? Tels sont les motifs, joints à la foiblesse et à l'inexpérience des enfans mineurs, qui les soumettent à l'obligation de requérir le consentement de leurs pères et mères. Nous ne parlons point ici des autres motifs, tirés d'un ordre supérieur, qui en font également une loi inviolable aux enfans, même dans le cas de majorité.

Mais, lorsque le père est mort, ou

interdit, que la mère est elle-même décédée, ou en interdiction, alors le consentement des cinq plus proches parens paternels ou maternels, est nécessaire.

La Loi veut que ces parens soient au nombre de cinq au moins, afin de pouvoir se décider avec plus de maturité, de prudence et de sagesse sur ce consentement. On peut admettre dans cette assemblée de famille un plus grand nombre de parens, mais on ne pourroit y en admettre au dessous de celui fixé par la Loi : elle semble assurer la préférence aux parens paternels sur les maternels ; mais cette préférence n'existe pas, on peut les prendre indistinctement du côté paternel ou maternel, suivant que l'on en trouvera dans le lieu du domicile du mineur : mais le tuteur sera-t-il compris dans ce nombre de cinq ? Comme la Loi n'a pas fait cette distinction, ni d'exception en sa faveur, je pense qu'il faut s'en tenir aux termes de l'article, et comprendre le tuteur dans ce nombre ; avec bien plus de raison que, comme le tuteur représente le père ou la mère, par le pouvoir que les Loix lui attribuent sur la personne et les biens du mineur, sa présence, dans ce nombre, ajoute un nouveau poids à ce conseil de famille ; mais sa qualité de tuteur ne lui donnera aucune prépondérance sur les autres parens assemblés : et comme tout doit s'y décider à la pluralité des suffrages, s'ils donnent leur consentement au mariage que l'on destine au mineur, celui-ci pourra se passer du consentement de son tuteur.

La Loi a également prévu le cas où les mineurs n'auroient point de parens, ou qu'ils n'en auroient pas au nombre requis par elle, de cinq, soit paternels ou maternels, dans le district, et elle a décidé que, dans cette hypothèse, on y suppléeroit par des voisins pris dans le lieu où les mineurs seront domiciliés.

Ainsi, je suppose que dans le district où son domicile est établi, un mineur n'ait de parens paternels ou maternels, que dans un nombre au dessous de cinq, par exemple, deux ou trois, on suppléera à ce qui s'en manque, en appellant trois ou deux voisins pris dans le lieu où il sera domicilié.

On distingue deux espèces de domiciles, celui de fait, et celui de droit; le domicile de fait est l'habitation physique et matérielle dans le lieu où l'on réside; celui de droit, est celle présumée par la Loi: tant qu'un Citoyen est mineur, il n'a pas d'autre domicile que celui de ses père et mère, ou de son tuteur: c'est là où la Loi suppose qu'il est véritablement domicilié, malgré les habitations passagères qu'il peut faire dans tout autre endroit, soit pour raisons d'étude, d'avancement ou d'apprentissage dans quelque négoce ou métier: c'est ainsi que l'Officier public est réputé, par la Loi, domicilié dans le lieu de l'exercice de ses fonctions ordinaires: c'est donc le dernier domicile du père, ou celui du tuteur, que l'on choisit toujours dans le nombre des plus proches parens paternels ou maternels, d'après un avis de parens, homologué par la sentence du juge, qui doit servir ici de règle.

Voici maintenant la forme de ces assemblées et de ces délibérations; elles doivent se faire par les parens ou voisins assemblés au nombre déterminé par la Loi, dans la Maison commune du lieu du domicile du mineur, ou autre lieu public servant aux séances de la Commune, et ils doivent délibérer à cet égard, devant le Maire, ou autre Officier Municipal à l'ordre de la liste, et en présence du Procureur de la Commune.

Le Maire, l'Officier Municipal, et le Procureur de la Commune, ne sont pas compris dans le nombre des cinq plus proches parens, ou voisins assemblés.

La Loi dit que les parens et les voisins, ainsi assemblés dans la Maison commune, délibéreront, à cet égard, devant le Maire, ou l'Officier Municipal, et en présence du Procureur de la Commune, &c. N'a-t-elle voulu par-là qu'exiger leur présence matérielle et physique, pour le maintien seulement de l'ordre et de la décence dans ces assemblées et délibérations, sans leur permettre d'y participer activement, ou bien, en les associant au nombre des parens et voisins, a-t-elle eu intention de leur donner le droit d'y former eux-mêmes un avis, et d'y partager les résolutions qui s'y prendront?

La solution de cette question se puise dans l'esprit et la lettre de la Loi. La Loi, en admettant les Maire, Officiers Municipaux et Procureur de la Commune à ces assemblées et délibérations, n'a eu d'autre intention que de maintenir l'ordre et la décence convenables parmi les délibérans, de constater et de recevoir leurs délibérations, d'y imprimer un caractère d'authenticité et de publicité, capable de leur donner un effet; d'en dresser l'acte : c'est devant le Maire, ou l'Officier Municipal, le Procureur de la Commune, que les délibérations doivent se faire ; ils ne sont pas tenus de se retirer, comme dans le cas de divorce, pendant ces explications et ces débats de famille ; mais étrangers à ce qui l'intéresse, ils ne doivent assister là que comme Officiers publics, et comme y assisteroient des Notaires, et non point comme parens, ou voisins : ils ne peuvent y former aucun avis ; leur ministère se borneroit tout au plus à des invitations et à des représentations ; mais les termes de l'article, *devant le Maire*, &c. *en présence du Procureur de la Commune*, &c. ne leur donnent qu'un rôle puremen passif.

Ce sera d'après la majorité des suffrages, que le consentement pourra être donné ou refusé ; ces suffrages, nonobstant la décision ci-dessus, pourront être recueillis par le Maire, ou par l'Officier Municipal qui dressera l'acte de cette délibération : il n'est point question ici de pluralité absolue des suffrages ; c'est-à-dire, qu'il ne sera pas nécessaire que les cinq parens ou voisins délibérans, soient tous ramenés à une seule et même opinion pour l'affirmative, ou pour la négative ; mais des cinq délibérans, deux étant pour un avis, et deux étant pour l'autre, le cinquième en sus, en se rangeant à l'une ou à l'autre de ces opinions, formera avec les deux autres, la résolution définitive ; il y a dès-lors majorité de suffrages. (*Art.* 3, 4, 5, 6, 7 8 et 9.)

Tant qu'une personne est engagée dans les liens d'un mariage précédent, elle ne sauroit en contracter un second, que le premier n'ait été dissous conformément aux Loix ; car personne ne peut avoir en même temps deux femmes : *duas uxores eodem tempore habere non licet*, disent les Instituts, *lib.* 1, *tit.* 10, *de Nuptiis.* (*Art.* 10.) Ce seroit commettre le crime que l'on nomme polygamie, dont est coupable celui qui a plusieurs mariages subsistans ensemble, ce qui n'est pas permis ; et le divorce est actuellement la manière dont un mariage peut être dissous, en se conformant aux formalités établies par la Loi.

Le mariage n'est pas libre entre toutes sortes de personnes indistinctement ; il n'est pas permis d'épouser toutes sortes de femmes, et il y en a de certaines dont on doit s'abstenir. Le mariage est prohibé ; 1°. entre les parens naturels ; 2°. entre les légitimes en igne directe ; 3°. entre les alliés dans cette ligne ; et 4°. entre le frère et la sœur.

Il n'est pas permis d'épouser toutes sortes de femmes ; il y en a avec lesquelles nous ne pouvons nous marier : par exemple, les ascendans et les descendans, tels que sont le père et la fille, l'ayeul et la petite-fille, la mère et le fils, l'ayeule et le petit-fils, et de même à l'infini : le mariage que contracteroient ces sortes de personnes, seroit criminel et incestueux.

La nature nous fait connoître que cette conjonction seroit une turpitude extrème, qui a été tellement en horreur chez presque toutes les nations, depuis la création du monde jusqu'à présent, qu'elle a été réputée exécrable dans les personnes même de ceux entre lesquelles elle s'est rencontrée, même par erreur ; le respect, la soumission et l'obéissance que les enfans doivent à leurs pères et mères, sont entièrement opposées à l'amour conjugal auquel le mari et la femme sont mutuellement obligés l'un envers l'autre ; ce qui fait voir combien sont incompatibles la qualité de fille et de femme, celle de fils et de mari.

Il en est à-peu-près *de même* des parens *en ligne collatérale*, quoique la défense *n'aille pas si loin* ; il est défendu à un frère d'épouser sa sœur, soit qu'ils viennent tous deux d'un même père et d'une même mère, ou de l'un des deux seulement.

Au commencement du monde, le mariage entre frères et sœurs fut permis par nécessité, mais il fut défendu ensuite par le Droit divin ; *voyez* le Lévitique, chap. 18 et 20, et le Deutéronome, ch. 27 ; et il l'étoit aussi par le Droit canon et par le Droit civil, mais il ne l'étoit pas par le Droit des gens : les Egyptiens et les Athéniens avoient permis ces sortes de mariages.

Hors les parens naturels et légitimes en ligne directe, les alliés dans cette ligne, et le frère et la sœur, on peut épouser, d'après cela, la fille de son frère ou de sa sœur, et même leur petite-fille. Le Lévitique, ch. 18, défend ces sortes d'alliances : les Loix Romaines les défendoient également ; témoin le Sénatusconsulte, qui fut fait du temps de l'Empereur Claude, qui permit d'épouser la fille de son frère : cette loi fut faite pour complaire à Claude, qui vouloit épouser Agrippine, fille de son frère. -- A plus forte raison, les enfans de deux frères ou de deux sœurs, ou d'un frère ou d'une sœur, peuvent se marier ensemble.

Dans le temps de la république, les Romains s'abstinrent de ces sortes de mariages par pudeur, et sans qu'il y eut de loi qui les défendît ;

mais, vers la fin de la république, les mœurs de la ville s'étant corrompues, l'usage des mariages au quatrième degré s'introduisit.

L'on ne pourroit point épouser sa tante paternelle, non plus que sa tante maternelle, parce qu'elles tiennent lieu toutes deux de mère : la même raison empèche aussi qu'on puisse épouser sa grande-tante, soit du côté du père, soit de celui de la mère. -- L'affinité nous empêche aussi d'épouser certaines personnes; par exemple, il ne seroit pas permis d'épouser la fille de sa femme, ni sa bru, par la raison que toutes les deux tiennent lieu de fille ; ce qui doit s'entendre du cas où elles auroient cessé d'être, l'une, notre belle-fille, et l'autre notre bru, c'est-à-dire, qu'elle soit actuellement mariée à notre fils ; mais dans ce cas, il y auroit un autre empêchement, qui est qu'une femme ne peut avoir deux maris : si notre belle-fille l'étoit encore, c'est-à-dire, si sa mère étoit actuellement notre femme, il y auroit une autre raison qui nous empêcheroit de l'épouser, en ce qu'il n'est pas permis à un homme d'avoir deux femmes.

Les alliés en ligne directe ascendante, sont le père de ma femme, qu'on nomme beau-père ; la mere de ma femme, que l'on appelle belle-mère ; le second mari de ma mère, qui est également mon beau-père.-- Les alliés de la ligne directe descendante, sont la femme de mon fils, qu'on appelle bru ; le mari de ma fille, qu'on nomme gendre ; les enfans que ma femme a eus d'un premier mariage, qui se nomment, par rapport à moi, beau-fils ou belle-fille. -- Il est défendu d'épouser la mère de sa femme, et la seconde femme de son père, par la raison que l'une et l'autre tiennent lieu de mère ; ce qui a lieu lors même que l'alliance ne subsiste plus, parce que celle qui est actuellement mariée avec votre père, ne peut pas, selon le Droit commun, se mar er avec vous, d'autant qu'une femme ne peut pas avoir deux maris ; de même celle qui est la mère de votre femme, ne peut pas vous prendre pour époux, si sa fille est encore votre femme, parce qu'il ne vous est pas permis d'en avoir deux.

Cependant la fille qu'un homme a eue d'une autre femme, et le fils qu'une femme a eu d'un autre mari, peuvent se marier ensemble : le père de l'un des conjoints peut aussi épouser la mère de l'autre ; et il n'importe que les enfans des premiers mariages aient des frères et des sœurs du second lit de leur père et de leur mère.

Si la femme que l'on auroit divorcée d'avec un premier mari, avoit une fille d'un autre mariage, cette fille ne seroit pas la belle-fille de ce premier mari ; cependant je crois, civilement parlant, que celui-ci devroit s'abstenir de l'épouser.

S'il y avoit des personnes qui contractassent de ces mariages prohibés par l'article 11, elles n'auroient pas le nom de mari et de femme, et il n'y auroit entre elles ni mariages, ni dots, ni aucuns effets civils.

Des raisons de pudeur et d'honnêteté publique, ont engagé tous les Législateurs de tous les âges et de tous les peuples, à prohiber ces alliances monstrueuses entre ces trois espèces de personnes. Le mariage entre les parens naturels et légitimes, en ligne directe, comme entre le père et la fille, et entre la mère et le fils, a toujours été défendu, ce seroit un inceste ; la nature, autant que la Loi civile, répugne à ces liaisons criminelles. La même prohibition s'étend aux alliés dans la ligne directe, parce que la fiction produit ici le même effet que la vérité, et parce que la belle-mère représente la mère ; le beau-père, le père ; la belle-fille, la fille ; le gendre, le fils : la meme prohibition subsiste donc entre toutes ces personnes, à cause de l'alliance, et de l'espèce d'affinité que le mariage a formée entre elles.

Des raisons de pudeur, d'honnêteté, et même de politique, qui a le plus grand intérêt à favoriser les mariages, à unir un plus grand nombre de familles entre elles, à multiplier ainsi dans la société, les relations de tendresse et d'amitié, s'opposent également au mariage entre le frère et la sœur; mais, à l'exception de ces trois sortes de personnes, entre lesquelles les nôces sont interdites, on peut se marier avec toutes les autres. Ainsi, sans *qu'il soit actuellement besoin de dispenses pour le for extérieur*, un oncle peut épouser sa nièce; un cousin-germain, sa parente dans le même degré; un beau-frère, sa belle-sœur; et à plus forte raison dans les degrés de parenté plus éloignés (*a*).

(*a*) Les Loix ont toujours défendu le mariage entre le frère & la sœur, soit qu'ils soient nés d'un même père et d'une même mère, ou de l'un d'eux seulement. (*Institutes*, lib. 1, tit. X, sect. 2.)

Les Loix de Moyse, avant celles des Romains, avoient eu soin de régler quelles étoient les personnes avec lesquelles on pourroit s'unir par le mariage: que personne ne s'approche de celle qui lui est unie par la proximité du sang: *je vous le défends, moi, qui suis le*

Qui se marie, donne un consentement : ainsi ceux qui sont incapables de consentir, ne peuvent se

marier;

Seigneur : voilà ce que nous lisons dans le Lévitique, ch. 18, v. 6. Dieu défendoit par cette Loi les mariages incestueux, c'est-à-dire, les alliances qui se contractent entre deux personnes déjà étroitement unies par le lien de la parenté.

Augustin, grand philosophe, et saint, dans le savant ouvrage de la Cité de Dieu, chap. 16, du liv. 15, donne deux raisons fort solides de cette ordonnance.

La première est, que le dessein du Créateur a été d'établir et d'étendre, le plus qu'il seroit possible, l'union et la charité parmi les hommes; il étoit donc raisonnable de ne point employer inutilement le lien du mariage à l'égard de ceux que la nature avoit déjà unis, mais de s'en servir, au contraire, pour lier de parenté des personnes et des familles toutes entières, entre lesquelles il n'y avoit eu auparavant aucune union.

La seconde raison, qui est encore plus considérable, c'est qu'il y a une certaine honnêteté que la nature même inspire à tous les hommes, qui fait que les personnes d'un même sang, et de divers sèxes, se sentent portées naturellement à se regarder avec des yeux marier ; tels sont les foux, les gens tombés en démence : les mineurs, dont l'incapacité n'est que relative à

---

chastes : c'est pourquoi, encore que l'impiété du paganismé ait permis, en quelques pays, les mariages des frères avec les sœurs, et les ait comme consacrés dans les dieux mêmes, la pudeur néanmoins a eu horreur de cette licence abominable ; si contraire au sentiment, et comme à l'instinct de l'honnêteté naturelle, qui fait que les personnes qui sont dans un proche dégré de parenté, s'accoutument de bonne heure à se porter un grand respect, et à ne se regarder que comme les frères regardent leurs sœurs : cette retenue contribue beaucoup à conserver l'honneur et la pureté dans chaque famille. Au contraire, si le mariage étoit permis entre les proches parens, les fréquentes occasions que l'on a de se voir et de se parler, allumeroient de bonne heure les passions, et ouvriroient la porte à de grands désordres.

On n'alléguera point l'exemple des Patriarches, ils cherchoient des alliances dans leurs familles mêmes ; mais c'étoit par l'ordre de celui qui est l'auteur de toutes les Loix, parce qu'alors peu de personnes adoroient le vrai Dieu, et qu'ils craignoient de s'allier à des familles idolâtres.

leur âge, ne peuvent également se marier sans le consentement des personnes desquelles ils doivent l'obtenir. (*Art.* 12.)

La Loi déclare nuls et de nul effet les mariages qui seroient faits après sa publication, contre la disposition de ses articles. (*Art.* 13.)

Ainsi les mariages qui seroient contractés dans les formes qui ont été usitées jusqu'ici, d'après un contrat de mariage, suivi de la célébration et de la bénédiction en face d'église, pourroient être bons, quant au sacrement et au for intérieur, mais ils seroient nuls et de nul effet comme contrats civils ; ils ne pourroient produire aucun des effets civils, dont le mariage est suivi quand il a été contracté dans les formes légales.

§. V.

Des Publications.

Des motifs d'honnêteté et d'intérêt public, ou des raisons nées d'un engagement précédent, rendant indispensable la connoissance des mariages qui peuvent se faire, on a été obligé de trouver des formes de les rendre publics, pour mettre les personnes qui auroient quelques oppositions légitimes à former, en état d'agir; de-là naît l'obligation commune aux personnes majeures, ou mineures, de faire publier leurs promesses réciproques de mariage.

Sur ce premier point on doit considérer; 1°. les personnes entre lesquelles ces promesses ont lieu; 2°. celles par le ministère desquelles elles doivent être publiées; 3°. le lieu où on doit les faire; 4°. enfin, la forme de ces publications.

Ou ce seront des personnes majeures qui voudront se marier, ou ce seront des mineures : dans le premier cas, quand ce seront des majeures, elles seront tenues de faire publier leurs promesses réciproques dans le lieu du domicile actuel de chacune des Parties, c'est-à-dire, tant au domicile du garçon, qu'à celui de la fille : quand il s'agira de mineurs, ces promesses seront publiées dans celui de leurs pères et mères, ou de leurs tuteurs; et dans le cas où les pères et mères seront ou morts, ou interdits, dans l'endroit où se sera tenue l'assemblée de famille requise pour le mariage des mineurs.

Ces promesses doivent être publiées par l'Officier public, chargé de la réception des actes de mariages : quant à leur forme, celui-ci doit en dresser l'acte, comme nous le verrons ci-après.

Il me semble, d'après la lecture des articles 1 et 3 de la section deuxième, que les promesses réciproques, dont parle l'article premier, et la publication de mariage, dont il est fait mention dans le troisième, sont deux formalités absolument différentes, que la Loi n'a pas voulu que l'on confondît ensemble, mais qui doivent concourir ensemble pour donner plus de publicité au mariage : ces promesses ne sont que des préliminaires, que des avis donnés au public, qu'un mariage pourra se faire entre tel garçon et telle fille; et la publication du mariage est différente, en ce qu'elle est l'exécution annoncée d'un mariage sur le point de se conclure, en exécution de ces promesses réciproques. J'apperçois donc deux formalités distinctes et séparées; d'abord, les promesses réciproques rendues publiques; ensuite la publication de mariage faite au jour et lieu, et dans la forme prescrits par la Loi. Si cette publication, dont parle l'article 3, pouvoit s'entendre de celle de ces promesses réciproques, la Loi se seroit expliquée différemment; elle auroit dit, le mariage sera précédé d'une publication faite de ces promesses réciproques, &c. Le mot de promesse ne se trouve pas une seule fois dans cet article troisième : comme les Loix ne disent rien de superflu ni d'inutile, c'est donc une formalité de plus, que celles indiquées par l'article premier, qu'elle a voulu introduire. Ainsi, je vois là deux sortes de publications : promesses réciproques faites entre les futurs, qui doivent être publiées ; et publication du mariage, qui doit en précéder la cérémonie ; et je tiendrois d'autant plus à cette interprétation des articles 1 et 3, que, comme on ne sauroit donner trop de publicité à un mariage, et qu'une seule publication faite une seule fois, et à un seul jour, ne paroîtroit pas remplir le but de la Loi, il n'y auroit aucun inconvénient à y ajouter la publication de ces promesses réciproques de mariage, faites par l'Officier public, à trois différens jours, dans le domicile des futurs époux, quand ils sont majeurs ; ou dans celui de leurs pères, mères, tuteurs, quand ils sont mineurs ; ou enfin, dans l'endroit auquel se sera tenue l'assemblée requise pour le mariage des mineurs.

Viendra ensuite la publication du mariage, qui sera faite le Dimanche, à l'heure de midi, devant la porte extérieure et principale de la Maison commune, ou autre lieu public servant aux séances ordinaires d'icelle, par l'Officier public; publication indispensable, sans laquelle le mariage ne pourra point être contracté, et en observant de laisser huit jours entiers s'écouler entre cette dernière publication, et la conclusion du mariage.

Le domicile, relativement au mariage, est fixé par une habitation de six mois dans le même lieu.

Ainsi, si l'on supposoit qu'un homme, qui se présenteroit pour se marier, n'a point encore acquis ce domicile de six mois, fixé par la Loi, ce sera à son dernier domicile, et à celui actuel, que les promesses réciproques devront être publiées. On auroit pu prolonger davantage ce domicile relativement au mariage; par exemple, à un an et jour, dans le cas où un homme seroit passé d'un Département dans un autre.

La preuve que l'on ne doit pas confondre, en rapprochant ces deux articles 1 et 3, les promesses réciproques avec la publication du mariage, se tire des distinctions établies entre elles par la Loi elle-même. Et en effet, ces promesses réciproques doivent être publiées dans le lieu du domicile actuel de chacune des Parties, quand elles sont majeures; et dans celui de leurs pères, mères, tuteurs, et dans le lieu de l'assemblée de famille, quand elles sont mineures; tandis que la publication, non des promesses réciproques, mais du mariage, doit être faite à heure et jour, et lieu certain, indiqués par la Loi : ce sont donc, d'après cela, deux formalités distinctes et séparées, mais qui doivent concourir ensemble, pour contribuer à rendre le mariage plus authentique.

Une première lecture, faite assez rapidement, nous avoit fait croire que la nécessité de cette publication, dont parle l'article 3, ne tomboit que sur les promesses réciproques; mais un examen plus réfléchi nous a convaincus que cette seconde publication, dont parle l'article 3, devoit se borner uniquement à l'objet qui y étoit déterminé, le mariage, et que les formes dans laquelle elle devoit se faire, autres que celles des promesses réciproques, ne souffroient pas qu'on les confondît ensemble. Au surplus, si nous nous trompons sur la manière dont ces deux articles sont conçus, nous nous soumettons sans peine, et avec plaisir, à la censure de notre opinion.

L'Officier public dressera acte de cette publication du mariage, et ce, non pas sur le registre double des mariages, ce qui auroit paru plus naturel, et sans aucun inconvénient, mais sur un autre registre particulier, et destiné à recevoir ces sortes d'actes, qui y seront déposés : ce registre ne sera pas tenu double. La Loi ne s'explique pas sur les autres circonstances; celles de savoir si ce registre sera sur papier timbré, si chaque Municipalité sera obligé de s'en fournir, ou bien s'ils seront fournis aux frais de chaque district, et envoyés aux Municipalités par les

Directoires, en même temps que les trois autres registres doubles, de naissances, mariages et décès : enfin, si ce registre sera coté, comme ceux-ci, par premier et dernier, et paraphé sur chaque feuillet, sans aucuns frais, par le Président de l'administration du district, ou, à son défaut, par un des Membres du Directoire : l'article faisant une exception, qui est que ce registre particulier doit être tenu double, semble par-là l'avoir mis dans un ordre inférieur à celui des registres doubles courans : nonobstant le silence de la Loi sur la forme de ce registre particulier, nous penserions qu'il doit être, comme les autres, sur papier timbré, mais qu'il n'est pas nécessaire, puisque la Loi ne le dit point, qu'il soit coté par premier et dernier, et paraphé sur chaque feuillet par l'Officier public, chargé de cette publication ; que chaque Municipalité doit s'en munir à ses propres frais : l'article ajoute, qu'il doit être déposé, lorsqu'il sera fini, aux archives de la Municipalité.

Quant à la forme de ces actes de publications, elles doivent contenir trois choses ; 1°. les prénoms, noms, profession et domicile des futurs époux ; 2°. ceux de leurs pères et mères ; 3°. et les jour et heure de la publication ; 4°. enfin, il doit être signé par l'Officier public.

Un extrait de l'acte de publication, doit être affiché à la porte extérieure et principale de la Maison commune, ou autre lieu public servant aux séances ordinaires de la Commune, dans un tableau à ce destiné, tel à-peu-près que celui dont on se servoit dans les Tribunaux pour les criées et les hypothèques.

Cet extrait de l'acte ainsi affiché, doit rester dans ce tableau, par induction de l'article 3, pendant les huit jours qui doivent, à dater de cette publication, précéder la célébration du mariage.

Dans les villes dont la population excède dix mille ames, un pareil tableau sera en outre placé sur la principale porte du chef-lieu des Sections sur lesquelles les futurs époux auront leur domicile.

Toutes ces règles et mesures de sûreté, sont établies par les articles 4, 5, 6 et 7, afin que ceux ou celles qui auroient quelque intérêt de former de légitimes oppositions aux mariages qui sont sur le point de se contracter, puissent en acquérir la connoissance, et prendre, d'après ces renseignemens, les précautions de sagesse ou de prudence que leur intérêt leur dictera.

L'Assemblée Législative, ayant eu pour but, dans cette nouvelle Loi, d'établir, pour tous les habitans de l'empire indistinctement, une manière uniforme de constater les actes de la vie civile, auroit dû, au lieu de choisir le Dimanche, qui n'est plus un jour saint et de repos pour tous les citoyens, pour faire la publication qui doit précéder ce mariage, et indiquer un autre jour de férie, commun à tous les citoyens, sans distinction de culte et de croyance, comme pourroit être un jour de marché : nous avons fait plus haut cette observation : c'est au surplus un hommage tacite rendu à la sainteté du Dimanche, qui ne doit point être profané par des œuvres serviles, et un vestige respectable de notre ancienne croyance, qui est encore celle de la majorité des habitans de la France.

Je ne pense pas que ces publications de mariage, introduites par le Décret, puissent dispenser, lorsqu'il sera question d'un mariage entre deux futurs conjoints catholiques, de la publication des trois bans dans la forme ordinaire. Et en effet, le concours des deux puissances avoit établi cette formalité : elle n'étoit seulement pas introduite par nos ordonnances, mais encore par les conciles : elle peut cesser d'être une formalité civile, mais elle peut et doit toujours, entre catholiques, subsister comme condition inhérente à la substance du mariage, et d'une nécessité indispensable dans le for intérieur. Le prêtre catholique seroit en droit de l'exiger préalablement à la bénédiction nuptiale, comme il exigeroit le sacrement de pénitence.

§. VI.

Des Oppositions.

Il seroit dangereux de laisser au premier venu, sans distinction, la liberté de s'opposer aux mariages, soit des mineurs, soit des majeurs : des gens mal intentionnés, sans fondement et sans motifs légitimes, pourroient, pour le seul plaisir de faire le mal, et de traverser des alliances convenables, se permettre des oppositions de cette nature, sur les prétextes les plus faux et les plus frivoles. Il a fallu obvier à un pareil abus ; et c'est ce que l'on a fait, en décidant que les personnes, dont le consentement est requis pour les mariages des mineurs, pourront seules s'y opposer. (*Art.* 1, *section* 3.)

Ces personnes sont celles désignées par les articles 3, 6 et 7; savoir, les pères et mères des mineurs, leurs cinq plus proches parens paternels, ou maternels : mais quant aux voisins, dont la présence ne sert que pour suppléer au nombre des parens, lorsqu'ils ne se trouvent pas dans celui fixé par la Loi, je ne pense pas qu'ils doivent être compris dans les termes généraux de cet article, et qu'ils soient par conséquent autorisés à s'opposer aux mariages des mineurs : naturellement cette faculté doit être bornée à leurs seuls parens, qui ont un intérêt plus prochain et plus direct de les former. Les voisins, ou amis, n'ont aucun droit direct, ni personnel, pour pouvoir partager avec eux cette sollicitude; ils peuvent tout au plus, dans le cas où on les appellera pour suppléer au nombre de parens requis, représenter ce qu'ils jugeront le plus convenable aux mineurs; car inutilement la Loi les auroit-elle invités à ces délibérations, s'ils n'avoient pas le droit d'y proposer leur avis,

Les liens du sang ne sont pas les seuls titres qui peuvent servir de motifs à ces sortes d'oppositions ; des promesses réciproques, faites entre des personnes de l'un et de l'autre sèxe, un engagement antérieur à celui que l'on prétendroit former, suffisent pour autoriser les personnes auxquelles ces promesses solemnelles ont été faites, ou qui sont liées par un engagement précédent, à former opposition aux mariages, soit des majeurs, soit des mineurs.

Mais il y auroit cette différence entre les promesses ou engagemens, dont ces derniers seroient les auteurs, qu'étant absolument incapables de consentement par la foiblesse de leur âge ; que ne pouvant être mariés, sans le consentement de leurs père et mère, ou parens ou voisins, toutes les promesses faites par eux, tous les engagemens contractés antérieurement, sont nuls et de nul effet ; la Loi en prononce elle-même la nullité : les juges n'auroient pas besoin de les annuller, leur ministère se borneroit à faire l'application de la Loi, à la différence des promesses faites par les personnes majeures, des engagemens par mariage, déjà pris par elles avec l'une des parties opposantes; il faudroit alors juger la validité de ces promesses, et de ces engagemens antérieurs. (*Art.* 2.)

Voilà donc trois sortes de personnes que la Loi autorise à former seules, et à l'exclusion de tous autres, opposition aux mariages : 1°. vis-à-vis des mineurs, ce sont les personnes, dont le consentement est requis pour leur mariage; et sous cette dénomination, sont compris les père et mère, et parens : 2°. vis-à-vis tant des majeurs que des mineurs, les personnes déjà engagées par mariage avec l'une des parties.

La Loi ne parle pas des tuteurs, mais on doit les comprendre dans cette appellation des plus proches parens, et les autoriser, comme ceux-ci, à former opposition aux mariages de leurs pupilles. Ils représentent d'une manière encore plus particulière, le père et la mère, dont le consentement est essentiellement requis pour l'établissement des mineurs. Aucunes autres personnes, hors celles désignées par les articles 3, 6 et 7 du tit. 4, section première, ne doivent donc pas être reçues à s'opposer aux mariages des mineurs. Ainsi, dans le cas où, à défaut des père et mère, ou par leur interdiction, les cinq plus proches parens paternels, ou maternels, seroient appellés pour donner leur consentement, ce consentement donné, aucune autre personne de la famille, dans un dégré de parenté plus éloigné, ne seroit reçue à former cette opposition, le mineur ayant obtenu le consentement de ceux auxquels la Loi a voulu qu'il s'adressât pour l'obtenir. Chacun de ces cinq parens plus proches, soit paternels, ou maternels, peut la former ; la Loi n'a pas restreint cette faculté aux uns, à l'exclusion des autres : tous ceux, en un mot, dont le consentement est requis, peuvent s'opposer aux mariages.

Il y a cependant un cas, et c'est celui de démence, de la part des majeurs, et lorsqu'il n'y a pas encore d'interdiction prononcée, où l'opposition de deux parens peut être admise. (*Article* 3.) Et comme les termes de l'art. sont généraux, on ne doit pas distinguer si ces parens sont ou paternels, ou maternels, plus proches, ou plus éloignés. La Loi dit deux parens, ainsi cela comprend tous les parens, tous ceux d'une même famille; et leur opposition n'est pas fondée, dans ce second cas, sur la nécessité indispensable de leur consentement, puisqu'elle peut avoir lieu relativement au mariage des majeurs, qui n'ont besoin d'en requérir aucun; mais elle a pour base l'incapacité résultante du défaut de raison. Ainsi, les motifs légitimes d'opposition, dont il est question, art. 1 et 2, ne sont réservés qu'à une certaine classe de personnes; tandis que ceux réservés par l'article 3, le sont à tous les individus d'une même famille, qui ont un égal intérêt à s'opposer au mariage qu'un des leurs, tombé en démence, voudroit contracter : cette cause d'opposition appartient à tous les parens, mais elle doit être formée, au moins, par deux.

Vient ensuite la forme dans laquelle l'acte d'opposition doit être rédigé. Il doit ; 1°. en contenir les motifs, afin que l'on puisse en faire l'examen, et discuter la validité : une opposition vague et indéterminée ne seroit d'aucun poids. 2°. Il doit être signé par la partie opposante, quand c'est elle-même qui l'a formée ; ou par son fondé de procuration spéciale, quand elle jugera à propos d'employer pour la former, le ministère d'autrui. 3°. Cette signature, tant de la partie opposante, que de son fondé de procuration, doit être apposée sur l'original et sur la copie, et l'on donnera copie des procurations en tête de celle de l'opposition ; c'est afin de mettre les personnes, sur lesquelles ces oppositions seront formées, en état d'en obtenir la main-levée, contradictoirement avec les opposans.

Si c'est un mineur qui forme l'opposition, il ne pourra le faire qu'autorisé de ses père et mère; et, à défaut de ses père et mère, ou morts ou interdits, qu'autorisé par ses parens et voisins, d'après une assemblée de parens et amis, et une sentence du juge : si c'est un majeur, il pourra la former sans l'autorisation de personne, puisqu'il es maître de son consentement; et s'il la forme par procurat on, cette procuration à son choix pourra être faite, soit par lui, sous signature privée, pourvu qu'elle soit faite sur papier timbré, et enregistrée, soit pardevant notaire, auquel cas elle est également soumise à la formalité de l'enregistrement; la procuration doit être spéciale à cet effet, et contenir les motifs de l'enregistrement.

L'opposition doir être faite par le ministère des huissiers, et dans la forme ordinaire des exploits. Afin d'épargner aux parties l'embarras et la peine d'aller chercher un huissier hors du lieu de leur domicile, et quelquefois fort loin, ces oppositions ne pourroient-elles pas être signifiées par les secrétaires-greffiers des municipalités de leur domicile? Elle doit être signifiée par eux, à la requête des opposans, à deux sortes de personnes : 1°. aux parties à leur domicile, quand elles sont majeures, et à celui de leurs pères, mères, tuteurs, parens, quand elles sont mineures, afin qu'elles soient instruites des motifs de l'opposition, qu'elles soient. sur la citation, en état d'y défendre, et qu'elles ne puissent pas en prétendre cause d'ignorance; et 2°. à l'Officier public, chargé de la réception des actes de mariages, afin qu'il ne passe pas outre à l'acte de mariage, au préjudice des oppositions formées; et il doit constater cette signification qui lui en sera faite, en mettant son *visa* sur l'original de l'acte d'opposition.

Il seroit bon de faire mention également du *visa* de l'officier public chargé de le donner, sur la copie qui doit être signifiée à la partie.

L'Officier public fera une mention sommaire des oppositions, sur le registre des publications, afin de les constater d'une manière encore plus sûre, & pour pouvoir y recourir, dans le cas où l'original de l'acte d'opposition et la copie viendroient à se perdre.

Le *visa* de l'Officier public, et la mention sommaire des oppositions, doivent être faits par lui, sans aucuns frais. (*art.* 4, 5 *et* 6.)

Quant à ce qui regarde la validité des oppositions, il y a plusieurs choses ici à considérer : 1°. La qualité du juge devant lequel ces contestations doivent être portées en première instance. 2°. Le délai dans lequel il sera obligé d'y statuer. 3°. Le tribunal devant lequel l'appel de ce premier jugement pourra être relevé. 4°. Enfin, les délais dans lesquels le tribunal d'appel sera obligé de prononcer sur la validité de l'oppotion formée.

C'est devant le juge de paix du domicile de celui contre lequel l'opposition aura été formée, que la demande en validité de cette opposition doit être portée ; elle doit l'être par une citation donnée par lui à la personne sur laquelle l'opposition sera formée ; elle doit être jugée par lui en première instance, et dans le délai de trois jours. C'est ensuite au tribunal du district que doit être relevé l'appel de cette sentence du juge de paix, et les parties sont dispensées de se présenter au bureau de conciliation : le tribunal prononcera ensuite sommairement , et dans la huitaine. Les délais marqués ici sont de rigueur, et comme la matière est urgente, et qu'il pourroit y avoir péril dans la demeure, ils ne peuvent être, soit pardevant le juge de paix, soit pardevant le tribunal d'appel, prorogés sous aucun prétexte.

Une expédition des jugemens de main-levée, sera remise par la partie

qui

qui l'aura obtenue, à l'Officier public, qui sera obligé d'en faire mention en marge de celle des oppositions, sur le registre des publications. (*art.* 7 *et* 8.)

La loi, après avoir déterminé le cas, les formes et les personnes pour ces oppositions, décide que toutes oppositions formées hors les cas & les formes, et par toutes personnes autres que celles qu'elle a désignées, seront regardées comme non-avenues, et que l'Officier public pourra passer outre à l'acte de mariage; mais dans le cas et les formes ci-dessus spécifiées, et entre les personnes dont elle fait mention, il ne pourra passer outre au préjudice des oppositions, à peine de destitution, de trois cens livres d'amende, et de tous dommages et intérêts envers la partie qui auroit formé l'opposition. (*art.* 9.)

Cette destitution doit être prononcée, comme le porte l'article 12 du tit. 3, par voie d'administration, par les directoires de département, sur la dénonciation, soit des parties, soit des procureurs des communes, ou procureurs-syndics, et sur la requisition des procureurs-généraux-syndics. Quant à l'amende, c'est par les tribunaux de district, à la requête des accusateurs publics, qu'elle doit être prononcée, ainsi que les dommages et intérêts, et dépens envers la partie, sur sa demande.

La loi ne dit pas au profit de qui ces amendes seront prononcées; ce ne peut être au profit des municipalités : comme c'est le district qui est chargé de l'achat et de l'envoi de ces registres de mariages, que c'est lui qui est chargé de surveiller la conduite de ces Officiers publics, je penserois que ce seroit aux dépenses du district, dans l'étendue duquel l'Officier public est domicilié, qu'elles devroient s'appliquer, comme aux frais d'administration et d'entretien; l'on pourroit même ordonner qu'elles seroient versées dans les caisses des bureaux de charité, à la diligence des receveurs des impositions, ou des greffiers des districts : plusieurs membres de ces établissemens se plaignent à cet égard de la négligence, ou de l'avidité des uns et des autres. Ce seroit à eux à veiller à la rentrée de ces amendes ; le jugement rendu contre l'Officier prévaricateur, serviroit d'exécutoire.

Voilà donc les personnes qui, d'après les articles 1, 2 et 9, sont seules autorisées par la loi, à former ces sortes d'oppositions ; d'après cela, et par une suite des principes de liberté et d'égalité qui se sont introduits parmi nous, des enfans ne pourroient pas s'opposer au mariage qu'un père ou une mère seroient sur le point de contracter, quelque disproportion qu'il y ait entre les futurs, du côté de l'âge, du rang social ou de la fortune ; ainsi, un fils ne pourroit pas s'opposer au mariage que sa mère voudroit contracter avec un individu de la dernière classe du peuple, avec même son domestique, quand bien même il seroit beaucoup moins âgé qu'elle, et sans fortune ; il n'y auroit que le cas de démence de la part de la mère, et lorsqu'il n'y auroit point encore d'interdiction prononcée, où cette opposition pourroit être admise; mais alors ce seroit par le principe, que l'aliénation rendant la personne aliénée incapable de consentement, et par conséquent la mettant dans le cas de ne pouvoir se marier, parce que ce n'est pas la cohabitation, mais le consentement mutuel des parties, qui constitue le mariage, l'enfant auroit, dans l'incapacité de la mère, un motif légitime de s'opposer à l'alliance qu'elle voudroit contracter.

Jusques ici, toutes les formalités que nous avons parcourues, telles que sont les qualités et conditions requises pour pouvoir contracter mariage, les publications, les oppositions, n'en sont que les préliminaires, que les formalités intrinsèques, ce sont les accessoires du mariage, qui peuvent subsister sans lui; au lieu que celles dont nous allons parler, tiennent à la substance même du mariage, et ne peuvent en être détachées, ni exister indépendamment de lui.

§. VII.

Des formes intrinsèques de l'acte de Mariage.

A ne considérer le mariage que civilement, il réside essentiellement dans le consentement mutuel des futurs époux, dans l'engagement réciproque qu'ils prennent ensemble de s'associer à un même genre de vie, tant que l'un ou l'autre n'aura pas des raisons légitimes de manifester un desir contraire; c'est en un mot un simple contrat synallagmatique, qui, par sa nature, peut se rompre et se dissoudre, de la même manière qu'il s'est formé, c'est-à-dire, un changement de volonté.

On doit dans le mariage considérer trois circonstances essentielles; d'abord les personnes entre lesquelles il est contracté, ensuite la manière dont il doit l'être, ce qui est relatif aux formalités de l'acte de mariage; enfin, le lieu où il doit être reçu, l'Officier public qui doit le recevoir, et la manière dont il doit le faire. Cette distribution comprend tout ce que l'on doit savoir sur le mariage.

Nous avons vu, dans le paragraphe précédent, ce qui se rapportoit aux personnes, aux conditions et qualités qui leur étoient imposées, pour pouvoir contracter mariage; nous devons ici, pour compléter notre examen, suivre la loi dans la révision qu'elle fait des formes relatives à l'acte du mariage.

Elle nous indique d'abord le lieu où l'acte de mariage doit être reçu; il doit l'être dans la maison commune, ou autre lieu public servant aux séances de la commune, du domicile de l'une des parties.

Par-là, elle leur laisse indifféremment le choix de celui du garçon ou de la fille; cependant, dans l'usage, l'honnêteté, la décence publique, sembleroient devoir assurer la préférence au domicile de la future; c'est le garçon qui en fait la demande, c'est lui qui est censé l'avoir été chercher; il répugne que ce soit la future qui vienne trouver son futur époux; d'après cette présomption, conformément à ce qui se pratiquoit anciennement, et par respect pour les mœurs, qu'il faut ménager dans les moindres objets, je pencherois toujours pour le domicile de la future.

Les parties sont maîtresses du jour auquel sera fixé leur mariage; mais elles le désigneront à l'Officier public, et celui-ci leur indiquera l'heure à laquelle il pourra recevoir leur déclaration.

Au jour désigné par les parties, et à l'heure indiquée par l'Officier public, elles se rendront dans la salle publique de la maison commune, assistées de leurs témoins, au nombre de quatre, parens ou non parens, et sachant signer, s'il peut s'en trouver aisément dans le lieu, qui sachent signer.

Comme la loi n'a pas dit en cet

endroit comme plus haut, pour les actes de naissances, que ces témoins pourroient être de l'un ou de l'autre sèxe, il s'ensuit qu'elle ordonne, dans ce dernier cas, qu'ils soient tous mâles; la naissance d'un enfant est un fait physique et matériel, dont la certitude peut être attestée par un témoin d'un sèxe comme de l'autre; mais, pour l'acte de mariage, l'importance de cet engagement, son étendue, ses obligations et ses suites, doivent restreindre le choix des témoins appellés pour en attester la certitude, à ce sèxe, dans lequel la nature, l'éducation, le commerce de la vie et la pratique des affaires, ont dû placer plus de force, de constance et de lumières. (*a*)

(*a*) *Major dignitas est in sexu virili.* D'après cet axiome, qui n'étoit pas un trait de galanterie, à Rome, on donnoit le pas à un homme qui avoit été revêtu de la charge de prefet, sur la femme consulaire, c'est-à-dire, sur celle dont le mari avoit été élevé à la dignité consulaire : nous avons au titre 17 du digeste, livre 50, intitulé *de diversis regulis juris*,

On peut les prendre parmi les parens, comme parmi des personnes

---

une loi qui ne leur étoit pas plus favorable, c'est la loi 2; elle est ainsi conçue:

Fœminæ ab omnibus officiis civilibus vel publicis remotæ sunt, et ideò ne judices esse possunt, nec magistratus gerere, nec postulare, nec pro alio intervenire, nec procuratores existere.

Cette loi est cependant fondée sur la nature; cette pudeur naturelle au sèxe, cette timidité, cette foiblesse est dans les organes et dans l'imagination; tout écarte les femmes de ces occupations pénibles et bruyantes, qui sont le partage de l'homme, pour les renfermer dans l'intérieur de leur ménage, où elles doivent s'occuper des soins domestiques; l'homme agit au dehors, la femme dans le sein de sa maison; la gloire de l'un est d'être connu, celle de l'autre est d'être ignorée; tout est bien lorsque chacun se borne aux seules fonctions que la nature lui a destinées; l'ordre naît de cette harmonie. La supériorité d'un sèxe sur l'autre n'est donc point une chimère; *major est dignitas in sexu virili*; mais nous avons des titres encore plus sacrés; l'obéissance que la femme doit à l'homme est de droit divin. *Sub viri potestate eris*, dit Dieu lui-même à la mère du genre-humain, après sa chûte, *et ipse dominabitur tui*; mais cet empire de étrangères à la famille; mais comme le mariage n'est point une chose indifférente à tous les membres qui la composent, il me sembleroit que les premiers sont préférables aux autres, et qu'on pourroit même, autant que faire se pourroit, en faisant usage de l'option abandonnée par la loi, les prendre parmi les plus proches de l'un et de l'autre côté; les témoins, parens comme étrangers, doivent être en état de signer, si l'on peut en trouver aisément qui le sachent, puisque leur signature est nécessaire, toutes les fois qu'ils pourront la donner.

S'il se trouvoit parmi ces témoins requis, l'un d'eux qui fût illettré,

---

l'homme ne doit pas être un empire de dureté et de sévérité, ce doit être un empire de douceur et de confiance, celui de la vertu; l'homme qui abuse de cette autorité sainte, ne mérite plus de conserver un pouvoir qui dégénère en abus, et dont il fait un si criminel usage; en aggravant le joug de la femme, il croit la soumettre plus étroitement, il se trompe, lui-même l'autorise à secouer un joug qui devient insupportable et injuste.

c'est-à-dire, qui ne sût pas lire, ce ne seroit point un obstacle pour le rejetter du nombre des témoins; car, comme il pourroit fort bien entendre la lecture, qui doit être faite par l'Officier public, de toutes les pièces relatives à l'état des parties, et aux formalités du mariage, il est dès lors capable d'être témoin.

Il en seroit tout différemment si, ne sachant pas lire, il joignoit à cette ignorance, la surdité. Incapable de lire et d'entendre, il le seroit de rester témoin; il faudroit en appeller un autre, soit de la famille, soit étranger.

Les pièces dont il doit être alors fait lecture, à haute et intelligible voix, par l'Officier public chargé de recevoir la déclaration, en présence des futurs époux, de celle de leurs père, mère, tuteur, témoins, sont les actes de naissance, les consentemens donnés par les père et mère, l'avis de la famille, les publications, oppositions, et jugemens de main-levée, etc. (*art.* 1, 2, 3 *et* 4.)

Après cette lecture, le mariage

sera contracté civilement, par la déclaration que fera chacune des parties, à haute voix, en ces termes :

Je déclare prendre, (N. le nom) en mariage.

Après que cette déclaration aura été faite par chacune des parties, l'Officier public, en leur présence et en celle de leurs père, mère, et de leurs témoins, prononcera, au nom de la loi, qu'elles sont unies en mariage.

L'Officier public dessera de suite, dans le même endroit, et en présence des mêmes personnes, l'acte de mariage ; il contiendra six choses essentielles ; 1°. Les prénoms, noms, âge, lieu de naissance, profession et domicile des époux. 2°. Les prénoms, noms, profession et domicile des père et mère, (on ne fait point ici mention du lieu de la naissance, cependant elle ne seroit point inutile, en ce qu'elle mettroit à même de suivre plus facilement, pour l'ordre des successions, les différentes branches d'une même famille, et rien n'empêcheroit d'y ajouter, autant que cela seroit possible, l'année et le lieu où les père et mère se sont eux-mêmes mariés) 3°. Les prénoms, noms, âges, profession et domicile des témoins, et leur déclaration s'ils sont parens ou alliés des parties. 4°. La mention des publications dans les divers domiciles, des oppositions qui auroient été faites, et des jugemens de main-levée qui sont intervenus. 5°. La mention du consentement des père et mère, ou de la famille, dans le cas où il y a lieu. 6°. Enfin, la mention des déclarations des parties, et de la prononciation de l'Officier public.

Cet acte, ainsi rédigé, sera signé par les parties, par leurs père, mère et parens présens, par les quatre témoins, et par l'Officier public, et dans le cas qu'aucun d'eux ne sût ou ne pût signer, il en sera fait mention. (*art.* 5, 6, 7 *et* 8.)

Comme la loi n'a pas dit textuellement que toutes ces formalités de l'acte de mariage, seroient observées à peine de nullité, on ne conclura point de l'omission de quelques-unes d'elles, que cet acte soit de nulle valeur, pourvu qu'il conste du consentement mutuel des parties, de la déclaration expresse qu'elles en ont faite en présence de l'Officier public de la réception de cette déclaration par celui-ci, qui a prononcé ensuite, au nom de la loi, qu'elles étoient unies en mariage, cela suffit, l'essentiel existe, et le mariage est valable, civilement parlant. Les nullités ne se supposent point; il faut que la loi les ait prononcées.

Supposons pour un moment, que l'une ou s'autre des deux parties, après la déclaration que chacune d'elles doit faire, vienne, soit à mourir subitemenr, soit à résipiscence, et à un changement de résolution, avant que l'Officier public qui a reçu leur déclaration, ait eu le temps de prononcer qu'elles étoient unies en mariage, le défaut de cette prononciation opereroit-il celui de leur mariage? seroient-elles censées mariées ou non? Nous nous déciderions sans peine pour la négative, dans cette hypothèse, qui est presque métaphysique; il n'existeroit pas de mariage, et cela, parce que, pour qu'il y ait mariage, il faut deux choses, ce me semble; d'abord, que chacune des parties fasse sa déclaration, qu'elles se prennent réciproquement en mariage, et ensuite que l'Officier public ratifiant cette déclaration, y mettant la sanction légale, prononce au nom de la loi, qu'elles sont unies en mariage; voilà la seconde condition; sans son exécution, le mariage n'existe point; ces deux causes sont correlatives, et leur concours peut seul contribuer à l'accomplissement et à la perfection du mariage.

L'article IX soumet les personnes, qui, antérieurement à la publication de la présente loi, se seroient mariées devant des Officiers civils à l'obligation de venir, dans la huitaine, déclarer leur mariage devant l'Officier public de la municipalité de leur domicile, lequel en dressera acte sur les registres, dans les formes ci-dessus prescrites.

Cet article n'a pour objet que les mariages faits devant les Officiers civils; quant à ceux qui ont été faits dans les formes usitées jusques ici, c'est-à-dire, après la publication de bans, et par le propre curé des parties, ils ne sont pas soumis à cette formalité, puisqu'ils ont été contractés dans les formes civiles et canoniques, encore admises parmi nous.

Les dispositions de cet article IX ne sont que comminatoires, ainsi que le délai de huitaine, fixé aux personnes tenues de venir déclarer leur mariage antérieur devant l'Officier public; et en effet il existe encore beaucoup d'endroits où cette nouvelle loi n'est point encore publiée, où les Officiers civils chargés de son exécution, ne sont point encore nommés, où le mode même de l'exécuter n'est point encore déterminé; ce délai n'est pas fatal, et ne doit courir, pour chacun, que du jour de la publication de la loi dans chaque endroit.

C'est dans la maison commune du lieu du domicile de l'une des parties, que l'acte de mariage doit être reçu par les Officiers publics ; cette disposition est bonne pour les endroits où les habitans sont en petit nombre ; mais, dans les villes du premier ordre, où, comme dans la capitale, la grandeur de la maison commune ne suffira qu'à peine, et avec nombre d'inconvéniens, à l'affluence des personnes qui seront obligées de s'y présenter pour y contracter mariage, ne seroit-il pas à propos de leur indiquer, pour leur commodité particulière, et pour celle des Officiers publics, et pour une plus prompte expédition, un lieu convenable dans chaque quartier, comme pourroit être le chef-lieu des sections, sur lesquels les futurs époux seront domiciliés, pour pouvoir y aller et y faire recevoir l'acte de leur mariage, entre les mains de l'Officier public; on pourroit prendre cet expédient dans les villes dont la population excéderoit dix mille ames.

§. VIII.

Du divorce dans ses rapports avec les fonctions de l'Officier public chargé de constater l'état civil des citoyens.

Il n'entre pas dans notre sujet d'examiner les dangers ou les avantages du divorce, s'il n'est pas contraire à l'institution primitive du mariage, nuisible en politique, dangereux pour les bonnes mœurs ; le supposant établi, nous le considèrerons dans ses rapports.

C'est maintenant un principe de notre jurisprudence civile, que le mariage est dissoluble par le divorce ; et les effets du divorce, par rapport à la personne des époux, sont de rendre au mari et à la femme leur entière indépendance, avec la faculté de contracter un nouveau mariage. (loi sur le divorce, §. *3*, *art.* I.)

Ce principe une fois admis, il faut porter notre attention sur les personnes que la loi charge de prononcer la dissolution du mariage, et sur la forme qui doit être suivie dans la demande en divorce.

C'est par l'Officier public chargé de recevoir les actes de naissances, mariages et décès, et entre les mains duquel les époux ont fait leur déclaration qu'ils se prenoient en mariage, que la dissolution du mariage par le divorce doit être prononcée; et voici dans quelle forme.

Lorsque deux époux demanderont conjointement le divorce, ils se présenteront, accompagnés de quatre témoins majeurs, devant l'Officier public, en la maison commune, ou autre lieu pub ic servant aux séances de la commune, aux jour et heure que l'officier public aura indiqués. Ils justifieront qu'ils ont observé les délais exigés par la loi, sur le mode du divorce; ils représenteront l'acte de non-conciliation, qui aura dû leur être délivré par leurs parens assemblés, et, sur leur requisition, l'Officier public prononcera que leur mariage est dissous. (*art.* 1, 2 et 3.)

Le mari et la femme qui demanderont conjointement le divorce, seront tenus de convoquer une assemblée de six au moins des plus proches parens, ou d'amis, à défaut de parens; trois des parens ou amis seront choisis par le mari; les trois autres seront choisis par la femme.

L'assemblée sera convoquée à jour fixe et lieu convenu avec les parens ou amis. Il y aura au moins un mois d'intervalle entre le jour de la convocation et celui de l'assemblée; l'acte de convocation sera signifié par un huissier aux parens ou amis convoqués.

Si, au jour de la convocation, un ou plusieurs des parens ou amis convoqués ne peuvent se trouver à l'assemblée, les époux les feront remplacer par d'autres parens ou amis.

Les deux époux doivent se présenter en personne à l'assemblée, ils y exposeront qu'ils demandent le divorce; les parens ou amis assemblés leur feront les observations et représentations qu'ils jugeront convenables. Si les époux persistent dans leur dessein, il sera dressé par un officier municipal, requis à cet effet, un acte contenant simplement que les parens ou amis ont entendu les époux en assemblée duement convoquée, et qu'ils n'ont pu les concilier. La minute de cet acte, signée des membres de l'assemblée, des deux époux, et de l'officier municipal, avec mention de ceux qui n'auront su ou pu signer, sera déposée au greffe de la municipalité; il en sera délivré expédition aux époux, gratuitement, et sans droit d'enregistrement.

Un mois au moins, et six mois au plus après la date de l'acte énoncé dans l'article précédent, les époux pourront se présenter devant l'Officier public chargé de recevoir les actes de mariages, dans la municipalité où le mari a son domicile; et, sur leur demande, cet Officier public sera tenu de prononcer leur divorce, sans entrer en connoissance de cause, &c. (loi sur les causes, mode et effets du divorce. §. 2, *art.* 1, 2, 3, 4 et 5.)

L'Officier public doit dresser acte du tout sur le registre des mariages, et cet acte doit être signé des parties, des témoins et de l'Officier public, ou bien il sera fait mention par lui, de ceux qui n'auront pu ou su signer. (*art.* 4.)

Dans le cas où le divorce ne sera demandé que par l'un des conjoints seulement, il sera tenu de faire signifier à son conjoint, un acte aux fins de le voir prononcer. Cet acte contiendra requisition de se trouver en la maison commune de la municipalité, dans l'étendue de laquelle le mari a son domicile, et devant l'Officier public chargé des actes de naissances, mariages et décès, dans le délai qui aura été fixé par cet Officier. Ce délai ne pourra être moindre de trois jours, et en outre d'un jour par dix lieues, en cas d'absence du conjoint appellé.

Je crois qu'il ne faudroit pas comprendre dans ces délais, le jour de la signification et de l'expiration de cet acte de requisition.

A l'expiration du délai, le conjoint demandeur se présentera, accompagné de quatre témoins majeurs, devant l'Officier public, il représentera les différens actes ou jugemens qui doivent justifier qu'il a observé les formalités et les délais exigés par la loi sur le mode du divorce, et qu'il est fondé à le demander; il représentera aussi l'acte de requisition qu'il aura dû faire signifier à son conjoint, aux termes de l'art. précédent, et, sur sa requisition, l'Officier prononcera, en présence ou absence du conjoint duement appellé, que le mariage est dissous.

Il sera donné acte du tout sur le registre des mariages, par l'Officier public, et cet acte, comme ci-dessus, sera signé des parties, des témoins, et de l'Officier public, & il y sera fait mention de ceux qui n'auront pu ou su signer.

S'il s'élevoit des contestations de la part du conjoint contre lequel le divorce sera demandé, sur aucun des actes ou jugemens représentés par le conjoint demandeur, l'Officier public ne pourra point en prendre connoissance; il renverra les parties à se pourvoir.

C'est pardevant les tribunaux ordinaux de district, que la connoissance de ces contestations doit être renvoyée par l'Officier public; mais rien n'empêche que celui-ci ne dresse son procès-verbal des différens dires et réponses des parties, afin de déterminer d'une manière fixe et invariable les objets sur lesquels les parties seront divisées.

L'Officier public qui s'aviseroit de prononcer le divorce, et d'en faire dresser acte sur les registres des mariages, sans qu'il lui ait été justifié des délais, des actes et des jugemens exigés par la loi sur le divorce, sera destitué de son état, condamné à cent livres d'amende, et aux dommages-intérêts des parties; et cela dans la forme des articles 14 du titre 2; 12 du titre 3; 9 du titre

4;

4, sect. 3. (*articles* 5, 6, 7, 8 et 9.)

Lorsque le divorce sera demandé par l'un des époux contre l'autre, pour cause d'incompatibilité d'humeur ou de caractère, sans autre indication de motifs, il sera obligé de convoquer une assemblée de parens, ou d'amis à défaut de parens, laquelle ne pourra avoir lieu qu'un mois après la convocation.

La convocation doit être faite devant l'un des officiers municipaux du domicile du mari, en la maison commune du lieu, aux jour et heure indiqués par cet Officier; l'acte en sera signifié à l'époux défendeur, avec déclaration des noms et demeures des parens ou amis, au nombre de trois au moins, que l'époux demandeur entend faire trouver à l'assemblée, et invitation à l'époux défendeur de comparoître à l'assemblée, et d'y faire trouver de sa part également trois, au moins, de ses parens ou amis.

L'époux demandeur en divorce est tenu de se présenter en personne à l'assemblée; il entendra, ainsi que l'époux défendeur, s'il comparoît, les représentations des parens ou amis, à l'effet de les concilier. Si la conciliation n'a pas lieu, l'assemblée se prorogera à deux mois, et les époux y demeureront ajournés. L'Officier municipal est tenu de se retirer pendant ces explications et les débats de famille; en cas de non-conciliation, il sera rappellé dans l'assemblée pour en dresser acte, ainsi que de la prorogation; on délivrera une expédition de cet acte à l'époux demandeur, qui sera obligé de le faire signifier à l'époux défendeur, si celui-ci n'a pas comparu à l'assemblée.

A l'expiration des deux mois, l'époux demandeur sera tenu de comparoître de nouveau en personne; si les représentations qui lui seront faites, ainsi qu'à son époux, s'il comparoît, ne peuvent encore les concilier, l'assemblée se prorogera à trois mois, et les époux y demeureront ajournés : il en sera dressé acte, et la signification en sera faite, s'il y a lieu, de la même manière que ci-dessus.

Si à la troisième séance de l'assemblée, à laquelle le provocant sera également tenu de comparoître en personne, il ne peut être concilié, et persiste définitivement dans sa demande, acte en sera dressé; il lui en sera délivré expédition, qu'il fera délivrer à l'époux défendeur.

Huitaine au moins, ou au plus dans les six mois après la date du dernier acte de non-conciliation, l'époux provocant pourra se présenter pour faire prononcer le divorce, devant l'Officier public chargé de recevoir les actes de mariage, dans la municipalité où le mari a son domicile; il observera, ainsi que l'Officier public, les formes prescrites à ce sujet dans la loi sur les actes de naissances, mariages et décès. Après les six mois, il ne pourra y être admis qu'en observant de nouveau les mêmes formalités et les mêmes délais.

Dans le cas de divorce demandé par l'un des époux, pour l'un des sept motifs déterminés, indiqués dans l'article 4 du paragraphe 1, ou pour cause de séparation de corps, aux termes de l'article 5, il n'y aura lieu à aucun délai d'épreuve.

Lorsque les motifs déterminés seront établis par des jugemens, comme dans les cas de séparation de corps, ou de condamnation à peines afflictives ou infamantes, l'époux qui demandera le divorce, pourra se pourvoir directement, pour le faire prononcer, devant l'Officier public chargé de recevoir les actes de mariage, dans la municipalité du domicile du mari; l'Officier public ne pourra entrer en aucune connoissance de cause. S'il s'élève devant lui des contestations sur la nature ou la validité des jugemens représentés, il renverra les parties devant le tribunal de district, qui statuera en dernier ressort, et prononcera si ces jugemens suffisent pour autoriser le divorce.

Dans le cas de divorce pour absence de cinq ans sans nouvelles, l'époux qui le demandera, pourra également se pourvoir directement devant l'Officier public de son domicile, lequel prononcera le divorce sur la présentation qui lui sera faite d'un acte de notoriété, constatant cette longue absence.

A l'égard du divorce fondé sur les autres motifs déterminés, indiqués dans l'art. IV du § Ier, le demandeur sera tenu de se pourvoir devant des arbitres de famille, en la forme prescrite dans le code de l'ordre judiciaire, pour les contestations entre mari et femme.

Si d'après la vérification des faits, les arbitres jugent la demande fondée, ils renvoyront le demandeur en divorce, devant l'Officier du domicile du mari, pour faire prononcer le divorce.

L'appel du jugement arbitral en suspendra l'exécution; cet appel sera instruit sommairement et jugé dans le mois. (Loi sur le divorce, §. 2, *art.* 15, 16, 17, 18, 19 et 20.)

§. IX.

Décès.

Nous avons ici deux objets à considérer. Par qui la déclaration du décès doit-elle être faite ? à qui doit-on la faire, et dans quel délai ?

La déclaration du décès doit être faite par les deux plus proches parens, et, à défaut de parens, par deux voisins de la personne décédée, à l'Officier public chargé de la réception des actes de naissances, mariages et décès, et dans les vingt-quatre heures du décès. (*art. 1.*)

Sur cette déclaration, l'Officier public doit se transporter au lieu où la personne est décédée ; et, après qu'il se sera assuré du décès, il en dressera l'acte sur les registres doubles. Cet acte doit contenir les prénoms, noms, âge, profession, et domicile du décédé, s'il étoit marié ou veuf ; dans ces deux cas, les prénoms et noms de l'épouse, les prénoms, noms, âge, profession, et domicile des déclarans, et au cas qu'ils soient parens, leur dégré de parenté. Dans les articles des décès, on fera mention du jour du décès ; quoique la loi ne le dise pas textuellement, elle le suppose nécessaire dans ce premier article.

Le même acte doit contenir de plus, autant qu'on pourra le faire, les prénoms, noms, profession et domicile des père et mère du décédé, et le lieu de sa naissance. (*Art.* 1, 2 et 3.)

Ce que cet article ajoute à la déclaration du décès, est fort sage; si l'on avoit toujours pris ce parti, on seroit beaucoup moins embarrassé dans les familles, quand il est question d'aller faire des recherches pour des généalogies; souvent on ne pouvoit pas remonter au-delà du père ou du grand-père, par l'ignorance dans laquelle on étoit du temps où un homme étoit né, du lieu où il avoit été baptisé, du temps où il s'étoit établi, et en quel lieu; du lieu de son origine, ou de celle de ses père et mère. Cet article pare à tous ces inconvéniens; mais il sera quelquefois difficile d'y satisfaire, par la difficulté, disons mieux, par l'impossibilité dans laquelle on se trouvera plus d'une fois, de savoir les noms et domicile des père et mère décédés, et le lieu de leur origine; aussi l'article dit-il que ce ne sera qu'autant qu'on pourra le faire.

Une circonstance de plus, que j'aurois desiré que l'on ajoutât, c'est la mention du genre de maladie dont seroit morte la personne décédée ; on ne sauroit croire combien un pareil usage, admis parmi nous, et qui s'est introduit depuis long-temps dans plusieurs cantons de l'Angleterre, serviroit aux progrès de la médecine, par les observations importantes que fourniroit aux gens de l'art le relevé des registres de décès ; on y verroit quelles sont les maladies qui ont fait le plus de ravages, et dans quelles saisons. Ces observations feroient naître cessairement les moyens de les prévenir, ou d'en arrêter les progrès. Ces tables de mortalité ne seroient pas moins intéressantes pour déterminer la durée commune de la vie humaine ; en un mot, la physique et la morale y gagneroient également : aussi faisons-nous, dans notre solitude, des vœux pour que cette remarque n'échappe point aux membres de la Convention, et pour que l'Assemblée en fasse la matière d'une loi subsidiaire à celle du 20 Septembre dernier. L'acte de décès doit être signé par les déclarans et par l'Officier public, et l'on aura soin d'y faire mention de ceux qui ne sauroient ou ne pourroient signer. (*Art.* 3.)

En cas de décès dans les hôpitaux, maisons publiques, ou dans des maisons d'autrui, les supérieurs, directeurs, administrateurs ou maîtres de ces maisons, en donneront avis dans les vingt-quatre heures à l'Officier public, lequel dressera acte de décès sur les déclarations qui lui auront été faites, et sur les renseignemens qu'il pourra prendre concernant les prénoms, noms, âge, lieu de naissance, profession et domicile du décédé. (*Art.* 4.)

Aux termes de l'article 2 ci-dessus, l'Officier public se transportera également au lieu où la personne sera décédée, pour s'y assurer du décès, et y recevoir les déclarations des personnes désignées par l'article 4., c'est-à-dire, des supérieurs, directeurs, administrateurs ou maîtres des hôpitaux, maisons publiques ou maisons d'autrui. Les aubergistes, les maîtres des hôtels garnis, sont compris dans ces dispositions. C'est à eux à faire à l'Officier public la déclaration du décès des personnes qui viendroient à mourir chez eux, dans les vingt-quatre heures.

Et dans le cas de l'article 4, c'est-à-dire, de décès arrivé dans les hôpitaux, maisons publiques, ou maisons d'autrui, si l'Officier public a pu, par les déclarations qui lui auront été faites, et par les renseignemens qu'il se sera procurés, connoître le domicile de la personne décédée, il est tenu d'envoyer un extrait de l'acte du décès à l'Officier public du lieu de ce domicile, qui le transcrira sur ses registres. (*Articl.* 6.) C'est afin de pouvoir retrouver plus facilement l'époque et le lieu du décès d'un homme qui meurt hors du lieu de son domicile.

Les corps de ceux qui auront été trouvés morts avec des signes ou indices d'une mort violente, ou autres circonstances qui donnent lieu de le soupçonner, ne pourront être inhumés qu'après que l'Officier de police, ou que le Juge de Paix, aura dressé procès-verbal, comme le prescrit l'art. 11 du titre 3 de la loi sur la police de sûreté. (*Art.* 7.)

Tous ceux qui auront connoissance d'un meurtre, ou d'une mort dont la cause est inconnue ou suspecte, sont tenus d'en donner avis sur le champ à l'Officier de police de sûreté du lieu, ou, à son défaut, au plus voisin, lequel se rendra incontinent sur les lieux.

Dans tous ces cas, et autres semblables, l'inhumation ne peut être faite qu'après que l'Officier de police se sera rendu sur les lieux, accompagné d'un chirurgien ou homme de l'art, et aura dressé un procès-verbal détaillé du cadavre, et de toutes les circonstances, en présence de deux citoyens actifs, lesquels, ainsi que le chirurgien, ou homme de l'art, signeront l'acte avec lui,

&c. (*Art.* 1 et 2 de la Loi de police de sûreté.)

L'Officier de Police, assisté, comme il vient d'être dit, entendra les parens, voisins, ou domestiques du décédé, ou ceux qui se sont trouvés en sa compagnie avant son décès ; il recevra, sur le champ, leurs déclarations, et les interpellera de les signer, ou de déclarer s'ils ne le savent faire. (*Art. de la même Loi.*)

L'Officier de Police, ou le Juge de Paix, dans les campagnes, après avoir dressé le procès-verbal de l'état du cadavre, et des circonstances y relatives, est tenu d'en donner, sur le champ, avis à l'Officier public, chargé de la réception des actes de naissances, mariages et décès, et de lui en remettre un extrait, contenant des renseignemens sur les prénoms, noms, âge, lieu de naissance, profession et domicile du décédé.

Et l'Officier public, de son côté, dressera l'acte de décès, sur les renseignemens qui lui auront été donnés par l'Officier de Police. (*Articles* 8 et 9.)

§. X.

La Loi, dans les cinq titres précédens, nous a donné la forme dans laquelle doivent être rédigés et conçus, par l'Officier public, chargé de les recevoir, les actes de naissances, mariages et décès : le sixième et dernier titre renferme des dispositions générales, communes aux uns et aux autres.

Dans la huitaine, à compter de la publication du présent Décret, le Maire, ou tout autre Officier Municipal, suivant l'ordre de la liste, est tenu, sur la requisition du Procureur de la Commune, de se transporter avec le Secrétaire-Greffier, aux Eglises paroissiales, presbytères, et aux dépôts des registres de tous les cultes ; ils y dresseront un inventaire de tous les registres existant entre les mains des Curés et autres dépositaires : la clôture et l'arrêté des registres courans doivent être faits par le Maire, ou l'Officier Municipal qui le remplacera.

C'est à la Maison commune, ou autre lieu public servant aux séances publiques des Communes, que doivent être portés et déposés tous les registres, tant anciens, que nouveaux. (*Article* 1 et 2.)

L'article 3 contient une exception; il veut que les actes de naissances, mariages et décès continuent d'être inscrits sur les registres courans, jusqu'au premier janvier 1793, par les Curés et Vicaires, qui étoient chargés de recevoir ces sortes d'actes, et autres dépositaires, de différens cultes, jusqu'à la clôture et l'arrêté desdits registres courans, qui doivent être faits par le Maire, ou autre Officier municipal, et, depuis la clôture et l'arrêté, par l'Officier public, chargé désormais de ces fonctions.

Dans deux mois, à compter de la publication de ce Décret, il doit être dressé un inventaire de tous les registres de baptêmes, mariages et sépultures, existant dans les greffes des Tribunaux: la Loi ne dit pas si, à l'égard de ces registres, ce sera le Maire, ou autre Officier municipal qui sera chargé de dresser cet inventaire ; je le pense ainsi, la Loi n'ayant pas désigné d'autre Officier public pour le faire : cette disposition particulière rentre dans celle générale de l'article premier, qui se décharge de ces fonctions sur le Maire, ou l'Officier municipal. Dans le mois qui suivra cet inventaire, les registres, et une expédition de l'inventaire, délivrée sur papier timbré, et sans frais, doivent être, à la diligence des Procureurs-généraux-syndics, transportés et déposés aux archives des Départemens. (*Art.* 4.)

Cette disposition ne concerne que les registres anciens, de baptêmes, mariages et sépultures ; car nous avons vu qu'à l'égard des nouveaux registres doubles, de ceux des actes de naissances, de mariages et de décès, qui doivent être tenus par les Officiers publics, les uns doivent être déposés et conservés aux archives des Municipalités, et les autres, à celles des Directoires des Départemens. On ne répétera point ici les observations que nous avons proposées plus haut sur ces dispositions.

Dès que les registres courans auront été clos, arrêtés, et portés à la Maison commune, les Municipalités seules recevront les actes de naissances, mariages et décès, et conserveront les registres. Elles seules exerceront ces fonctions, et la Loi défend à toutes personnes de s'immiscer dans la tenue de ces registres, et dans la réception de ces actes. (*Art.* 5.)

Point de doute que ces défenses ne comprennent les Curés et Vicaires, chargés jusqu'ici de ces fonctions, et qu'ils ne puissent plus, à dater de la clôture et de l'arrêté de ces registres courans faits par les Municipalités, recevoir ces sortes d'actes, et s'immiscer dans la tenue de ces registres, et dans la réception de ces actes. Dans cet emploi honorable, qui leur étoit confié par nos

Loix, ils exerçoient un double ministère; ils y paroissoient avec le caractère également respectable de Ministres des autels, et d'Officiers publics. Sous le premier rapport, ils administroient le Sacrement de baptême, celui de mariage, ils donnoient aux mourans les derniers secours de l'Eglise; et, après leur mort, ils leur rendoient les honneurs funèbres. Sous le second rapport, comme Officiers publics, ils attestoient à la société la naissance d'un citoyen, son mariage, et sa mort. On leur enlève ce dernier caractère; mais cette prohibition s'étendroit-elle jusqu'à les empêcher de les exercer, du moins entre les Parties intéressées, non d'une manière publique, mais privée? Ainsi le Prêtre qui, sur la demande d'un père, de deux futurs époux, et de parens, délivreroit par écrit, à ces personnes, la preuve du baptême, de la bénédiction nuptiale qu'il a donnée, de l'inhumation qu'il a faite, auroit-il encouru ces défenses? J'ai peine à le croire. Ce n'est pas comme Officier public qu'il délivreroit ces certificats, ce seroit comme particulier, comme ministre du culte, mais sans aucune influence politique. Il n'exerceroit en cela aucune fonction publique, il n'entreroit point en concurrence avec l'Officier public chargé d'ailleurs de constater par sa déclaration et par sa signature, la naissance, le mariage et le décès. Le certificat donné par le prêtre n'auroit aucun des caractères imprimés, par la loi, à la déclaration de l'Officier public : renfermé dans l'intérieur des familles, incapable de faire aucune foi ni preuve en justice, comme auparavant, des naissances, mariages et décès, il n'auroit d'autre authenticité, que celle qu'avoient autrefois les notes et les énonciations mises par un père de famille sur ses registres et papiers de famille, touchant la naissance, le mariage ou le décès de quelques-uns de ses enfans. De semblables certificats ne seroient que des renseignemens particuliers, qui conserveroient dans les familles, la mémoire d'évènemens particuliers, et qui ne seroient relatifs qu'à elles, qu'un tel a été baptisé, a reçu la bénédiction nuptiale, a été enterré, avec les prières et cérémonies de l'église : ce n'est point sur choses accidentelles que peuvent tomber les défenses faites par la présente loi, sur-tout d'après ce qu'elle dit dans le dernier article, d'après la liberté qu'elle laisse à chacun de consacrer les naissances, mariages et décès par les cérémonies du culte auquel il est attaché, et par l'intervention des ministres de ce culte; et ce que nous disons ici du prêtre catholique, s'étendroit également aux ministres des autres cultes.

Dans les Provinces-Unies des Pays-Bas, ce sont les Magistrats de ville, les Officiers civils, qui sont chargés pour la plupart de constater l'état civil des citoyens, de recevoir les actes de naissances, mariages et décès; mais cette pratique n'empêche point que les ministres des différens cultes tolérés en Hollande, ne tiennent note sur des registres particuliers qu'ils se dressent à eux-mêmes, mais qui ne font d'ailleurs aucune foi ni preuve en justice, des cérémonies par lesquelles, d'après le culte que les parties professent, ils ont consacré leurs naissances, mariages et décès; ces registres, et l'extrait de ce qui y est contenu, ne sont que que de simples mémoires, que des notes particulières, dont les familles peuvent avoir besoin, et que la loi n'a aucun intérêt à défendre, du moment qu'ils n'ont plus aucun poids à ses yeux.

La loi charge spécialement les corps administratifs, c'est-à-dire, les districts et les départements de surveiller les municipalités dans l'exercice des nouvelles fonctions qu'elle leur attribue. (*Art. 6.*)

La surveillance de ces corps administratifs ne sauroit être dans les commencemens trop attentive, pour prévenir ou réparer les erreurs que commettront involontairement, surtout dans les campagnes, les Officiers civils chargés de ces fonctions délicates et importantes. On éprouvera plus d'une fois l'embarras de remplacer, pour ces fonctions, dont dépendent l'état des hommes, ceux qui jusques ici les avoient exercées : les nouveaux Officiers civils qui vont leur succéder, auront-ils tous et sur le champ, le discernement et les lumières pour bien s'en acquitter ? Le défaut d'usage seul n'est-il point à craindre ? Une des grandes erreurs de notre jurisprudence actuelle, c'est de supposer que, par une métamorphose subite et merveilleuse, tous ceux que la confiance ou la prévention appelle à des emplois publics, sont, par cela même qu'ils y sont élevés, en état de les bien remplir ? Erreur funeste, et démentie par l'expérience ! Les travaux qui exigent l'exercice des plus nobles facultés de l'ame, du jugement et de la pénétration, demandent-ils moins d'acquit et de pratique que les travaux qui dépendent de l'exercice des facultés physiques.

L'article sept abroge toutes les

loix contraires aux dispositions de celle-ci.

Dans cette abrogation sont comprises toutes les loix générales et particulières, que nous avions sur cette matière importante : l'article 51 de l'ordonnance de 1539, la première qui ait établi les registres des baptêmes ; les articles 7, 8, 9, 10, 11, 12, 13 et 15 du titre 20 des faits qui gissent en preuve vocale ou littérale, de l'ordonnance de 1667, de Louis XIV ; la déclaration de 1736, l'un des bienfaits de l'immortel chancelier d'Aguesseau, qui renferme jusqu'à 42 articles, pour spécifier dans le plus grand détail tout ce qui intéresse l'état des hommes, et la déclaration du 12 du mois de Mai 1782, interprétative de l'article 4 de la déclaration du 9 Avril 1736, et toutes ces loix sont abrogées dans tout ce qu'elles renferment de contraire aux dispositions du présent décret.

Enfin, l'Assemblée Législative, après avoir déterminé par ce décret du 20 Septembre dernier, le mode de constater désormais l'état civil des citoyens, a déclaré, dans l'art. 8 et dernier, qu'elle n'entendoit ni innover ni nuire à la liberté que tous les citoyens sans distinction ont de consacrer les naissances, mariages et décès par les cérémonies du culte auquel ils sont attachés, et par l'intervention des ministres de ce culte. (*Art.* 8.)

Le titre premier de la constitution garantit, comme droits naturels et civils, à tout homme la liberté d'exercer le culte religieux auquel il est attaché. -- Dans un autre endroit, dans la déclaration des droits, article 1, on lit que nul ne doit être inquiété pour ses opinions, même religieuses, pourvu que leur manifestation ne trouble pas l'ordre public établi par la loi. D'après ces principes de tolérance universelle, chacun est libre de faire consacrer les naissances, mariages et décès, par les cérémonies du culte auquel il sera attaché, et par l'intervention du ministre de ce culte; ainsi, tandis que le catholique ira, au sortir de la municipalité, ou de chez l'Officier public chargé de la réception des actes de naissances, mariages et décès, faire baptiser son enfant par un prêtre catholique, lui demander qu'il bénisse l'union qu'il va contracter, ou de rendre à un père ou à une mère, les derniers secours de l'église, et les honneurs funèbres; le juif ira dans la synagogue trouver son rabin; le protestant son ministre au prêche; l'infidèle son dervichel, dans la mosquée, et leur demanderont qu'ils fassent intervenir à chacun de ces actes, les cérémonies de toutes ces sectes; car, à Dieu ne plaise que je les mette en parallèle avec la religion catholique; je n'examinerai point ici si ces principes de tolérance peuvent se concilier avec ceux de la foi, dans laquelle nous avons tous été nourris et élevés; cette croyance établie en France depuis plus de quatorze siècles, est encore la croyance du plus grand nombre, de la majorité des habitans de ce vaste empire. L'Assemblée constituante

tuante en a jugé elle-même ainsi, lorsqu'elle a déclaré que les biens destinés aux dépenses du culte lui appartenoient et étoient à sa disposition : lorsqu'elle s'est occupé d'une constitution civile pour le clergé, lorsqu'elle a mis au premier rang des dépenses et des charges de l'état, celles qui doivent servir à l'entretien de ce culte, n'a-t-elles pas par toutes ces dispositions, rendu un hommage éclatant à l'ancienneté et à la prééminence de la religion, et ne lui a-t-elle pas assuré la préférence, dans l'ordre civil, sur toutes les communions qui se sont séparées d'elle, et sur les autres cultes qu'on ne sauroit lui comparer ?

Je suppose qu'un homme se sépare de sa première femme, à la faveur de la loi nouvelle sur le divorce, et qu'il passe à une seconde union, après avoir observé scrupuleusement tous les délais, et toutes les formalités de la loi : qu'après s'être présenté à l'Officier civil chargé de la réception des actes de mariage, qui prononcera au nom de la la loi, qu'il a pris en mariage une telle pour sa femme, il aille à l'église demander à un prêtre qu'il bénisse cette seconde union; je ne crois pas qu'il s'en rencontre qui porte l'oubli des règles au point de donner sacrement sur sacrement, et de consacrer un second sacrement de mariage, quand le premier subsiste encore aux yeux de la religion; en effet, si l'on rappelle les choses à leur première origine, on doit reconnoître que le mariage est, selon son institution primitive, une alliance indissoluble entre un homme et une seule femme. L'homme quittera son père et sa mère, et s'attachera à sa femme, et ils seront deux dans une seule chair; c'est ce que dit Adam, après que Dieu lui eût amené la femme qu'il venoit de former, et qu'il lui donnoit pour épouse: ainsi, dans le premier dessein, et suivant le plan de Dieu lui-même, un homme ne doit avoir qu'une seule femme.

Et Jesus-Christ lui-même a rendu un hommage éclatant à ces vérités;

des Pharisiens s'étant un jour adressés à lui, pour le sonder sur les causes légitimes de divorce, lui dirent; est-il permis à un homme de renvoyer sa femme, pour quelque cause que ce soit? Que vous a ordonné Moïse, leur dit le Sauveur? Moïse a permis de renvoyer sa femme en lui donnant un acte de divorce? N'avez-vous pas lu, leur répondit-il, que celui qui a créé l'homme, créa au commencement un homme et une femme, et qu'il est dit; c'est pour cela que l'homme quittera son père et sa mère, &c. &c. ainsi ils ne sont plus deux, mais une seule chaire: que l'homme donc ne sépare pas ce que Dieu a joint. D'où vient donc, ajoutèrent ces Pharisiens, que Moïse a ordonné que l'on donneroit à sa femme un acte de divorce, et qu'on la renverroit? C'est à cause de la dureté de votre cœur que Moïse vous a permis de renvoyer vos femmes; mais cela n'a point été ainsi dès le commencement: (*Math.* 19, 3. *Math.* 10, 4.) Jesus-Christ concluoit de là que le lien qui unit le mari et la femme, est indissoluble, qu'il n'est pas permis à l'homme d'entreprendre de séparer ce que Dieu a uni; ce n'est donc que par condescendance à ce que la loi de Moïse avoit établi, qu'il leur dit; je vous déclare que quiconque renvoie sa femme, hors le cas d'adultère, et en épouse une autre, commet un adultère, et que celui qui épouse une femme mariée, commet aussi un adultère.

Le mariage étant donc, d'après ces maximes de l'évangile, et les règles de l'église catholique, indissoluble de sa nature, tout homme qui respectera encore ces saintes règles, ne se séparera pas de sa première femme, pour en épouser une seconde; encore moins pourroit-il exiger d'un prêtre catholique, de bénir une pareille union, réprouvée par ces règles sacrées, ni le forcer à la reconnoître, et à la consacrer par une bénédiction, qui ne seroit qu'une profanation sacrilège.

Les loix de Moïse, en permettant

le divorce, ne permettoient point à un premier mari de reprendre sa première femme, après la répudiation du second mari, ou même après qu'il étoit mort; si un homme ayant épousé une femme, et vécu avec elle, vient à concevoir du dégoût, à cause de quelque défaut considérable, il dressera un acte de divorce par écrit, et l'ayant mis entre les mains de sa femme, il la renverra hors de sa maison; si elle épouse ensuite un second mari, et que ce second la répudie, ou vienne à mourir, le premier mari ne pourra plus la reprendre; ce seroit une chose abominable devant le Seigneur. *Deuteron.* 24, 1.

P. S. Nous avions fini ce travail, et nous nous occupions à rédiger un style et des formules des actes dont il question dans ce décret, lorsqu'en lisant la feuille du moniteur du 25 Octobre 1792, n°. 299, article Commune de Paris, nous avons vu qu'à la séance du Conseil général de cette Commune, du 13 Octobre dernier, M. Manuel, en requérant l'exécution de cette loi, sur l'état civil et sur le divorce, avoit proposé au Conseil général un mode d'exécution de ces loix; et qu'après d'assez longs débats le Conseil général avoit ordonné l'impression et l'ajournement de ce projet : comme il rentre dans le travail dont nous comptions accompagner l'analyse de cette loi, et que nous sommes persuadés que celui de M. Manuel est infiniment supérieur au notre, nous l'abandonnons, en nous réservant cependant d'y faire quelques observations lorsqu'il sera rendu public par la voie de l'impression, et que nous aurons pu nous le procurer. Si le projet de mode d'exécution de ces loix, comme nous n'en doutons pas, etoit calqué sur leurs dispositions, et remplissoit scrupuleusement ce qu'elles prescrivent, nous prenons ici la liberté d'inviter respectueusement les membres de la Convention de l'adopter en entier, et de le rendre commun pour toutes les municipalités de l'empire. La loi seroit exécutée partout d'une manière uniforme, elle le seroit d'une manière plus sûre et moins fautive; la Convention, au surplus, avant de l'adopter, pourroit faire examiner ce projet par son comité de législation; elle pourroit même prendre hors de son sein des commissaires chargés de faire pour elle cet examen, et de lui en rendre compte. Comme il est ici question de formes, que l'on ne peut y mettre trop de netteté, de précision, peut-être ne regarderoit-elle point comme une chose indifférente, de prendre ces examinateurs dans la classe des gens du métier, rompus aux affaires, et à leur langage, car elles ont un idiôme particulier, et qu'il faut savoir et entendre; et si j'osois ici lui marquer son choix, je lui désignerois un homme bien en état de présider à une pareille besogne; je citerois M. Ravault, ancien Procureur au Parlement, qui nous a laissé un excellent ouvrage sur la procédure, et sur le style. Personne ne seroit plus en état que lui de travailler à un semblable projet. L'hommage que je rends ici à ses talens, est d'autant plus désintéressé, que je n'en suis point connu, et que je ne le connois moi-même que par son ouvrage.

OBSERVATIONS

Relatives au décret du 19 Décembre 1792

PENDANT le cours de l'impression de ce petit ouvrage, la Convention nationale, par son décret du 19 décembre 1792, a ajouté à la Loi du 20 septembre dernier, sur l'état civil et le divorce, un petit nombre de nouveaux articles qu'il est indispensable de connoître.

L'Assemblée ayant reconnu que cette Loi nouvelle avoit le défaut inévitable de toutes celles qui font de grandes innovations dans les établissemens publics, qu'elle n'avoit pas pourvu à toutes les difficultés qu'elle présentoit dans son exécution, qu'elle avoit omis des dispositions utiles ou nécessaires, s'est occupée de remédier à ces divers inconvéniens, par les modifications par elle adoptées.

SECTION PREMIÈRE.

Articles communs à toutes les Municipalités de la République.

Ces nouveaux articles, qui sont au nombre total de treize, sont divisés en deux sections; la première comprend ceux qui sont d'une application universelle dans toutes les municipalités de l'empire; la seconde, ceux qui ne peuvent convenir qu'à certaines villes, dont la population très-considérable exige des précautions particulières.

Au premier rang des dispositions communes, vient naturellement se placer le délai qui doit être fixé par la Loi, pour faire les déclarations de naissances, et la punition contre ceux qui, sans excuse légitime, laisseroient écouler ce délai.

L'article 1 du titre 3 de la Loi du 20 septembre 1792, porte que les actes de naissances seront dressés dans les vingt-quatre heures de la déclaration qui sera faite par les personnes qui sont désignées par les articles 2, 3 et 4; mais cet article ni le cinquième n'expriment pas dans quel délai cette déclaration doit être faite; la Loi, par conséquent, n'a pas prononcé de peine contre ceux qui ne la feroient que long-temps après la naissance.

Cette omission est sensible et évidente, et nous en avions déjà fait la remarque; l'article 1 de la section première du Décret du 19 décembre dernier la répare.

D'après ce premier article, les personnes qui sont désignées par la Loi du 20 septembre dernier, pour faire les déclarations de naissances, sont tenues de la faire dans les trois jours de la naissance, ou du décès; cet article joint à la fixation du délai indiqué, la peine qui doit être le salaire de sa transgression: arrêtons-nous un moment à la première partie de cet article.

L'article 1 du titre 3 du Décret du 20 septembre dernier, ne faisoit mention que du délai dans lequel les actes de naissances devoient être dressés, ce devoit être dans les vingt-quatre heures de la déclaration que les personnes indiquées par les articles suivans étoient chargées d'en faire, mais il ne renfermoit aucune disposition à l'égard du délai dans lequel cette déclaration devoit se faire; le nouvel article supplée à cette omission, en indiquant *celui de trois jours depuis la naissance ou le décès*; disposition qui s'étend également à l'article 1° du titre cinquième du Décret du 20 septembre.

Dans le projet du Décret, qui peut servir de préambule et de commentaire au Décret du 19 décembre dernier, le comité de législation avoit proposé à l'Assemblée le délai de vingt-quatre heures depuis la naissance, en conformité de celui fixé pour les déclarations de décès, délai qui paroissoit être suffisant, et le plus naturel, celui qui se rapprochoit le plus de nos anciens usages.

Ç'avoit été également par induction de ce qui est porté dans l'article 1 du titre 5 du Décret du 20 septembre, que nous avions proposé dans nos observations sur cet article, la même mesure de temps, et le même délai de vingt-quatre heures depuis le moment de la naissance, et nous sommes intérieurement flattés de nous être rencontrés sur ce point avec le comité de législation.

Cet article, disions-nous dans notre ouvrage, indique bien le temps dans lequel les actes de naissances doivent être dressés, ce doit être dans les vingt-quatre heures de la déclaration; mais dans quel délai cette déclaration elle-même doit-elle être faite? on peut répondre, ajoutions nous, par induction des différens articles du Décret; que ce doit être dans les vingt-quatre heures de la naissance de l'enfant ; elle peut se faire plutôt, mais jamais plus tard, afin d'éviter les inconvéniens majeurs qui pourroient résulter de cette négligence.

Il n'est plus maintenant question d'induction, ni de supposition, ce délai est fixé par la Loi, ce doit être dans les trois jours de la naissance ou du décès ; la difficulté de constater sur un point aussi délicat les contraventions des personnes tenues de faire ces déclarations, sur lesquelles on ne peut avoir que les lumières que donneroient les témoins de l'accouchement sur la naissance de l'enfant, tels que le chirurgien, la sage-femme, les gardes et domestiques, le peu de danger que l'Assemblée a entrevu à donner une latitude plus étendue au délai proposé par le comité, le desir même de faciliter, par un délai moins circonscrit, l'exécution de la loi, et de la rendre moins pénible aux personnes chargées de faire ces déclarations, ont sans doute déterminé l'Assemblée à s'éloigner de la mesure proposée par son comité, et à lui en substituer dans sa sagesse une autre beaucoup plus étendue; que l'expérience, qui est la pierre de touche de toutes loix, comme des autres établissemens humains, laisse cette mesure sans aucun inconvénient; il seroit peut-être à craindre que cet intervalle de trois jours, beaucoup plus long que celui qui avoit été proposé par le comité, ne compromette l'état des hommes, et que l'on ne soit forcé d'en revenir un jour à celui de vingt-quatre heures, dont on n'apperçoit pas d'ailleurs l'inconvénient. Les loix ont toujours veillé avec le plus grand soin, sur tout ce qui concerne l'état des hommes, et elles doivent prévenir, autant qu'elles le peuvent, les contraventions qui peuvent naître, sur un objet aussi important, de la malice ou de la négligence.

Les personnes désignées par la loi du 20 Septembre dernier pour faire les déclarations des naissances et de décès, sont tenues, aux termes de l'article 1, de faire ces déclarations dans les trois jours de la naissance ou du décès, etc. Nous avons vu par la loi du 20 Septembre, la forme de ces déclarations, et quelles sont les personnes ou Officiers publics, devant qui elles doivent être faites.

Les personnes tenues de faire ces déclarations de naissance, dans les trois jours qui la suivront, par les articles 2, 3 et 4 du Décret du 20 Septembre, sont, comme on se le rappelle sans doute, 1°. le mari, s'il est présent et en état d'agir; 2°. dans le cas d'absence de la part du mari, ou en supposant qu'il soit hors d'état d'agir, ou que la mère ne soit point mariée, le chirurgien ou la sage-femme qui aura fait l'accouchement; 3°. la personne qui commandera dans cette maison, ou qui en aura la direction, lorsque la femme accouchera, soit dans une maison publique, soit dans celle d'autrui.

Quoique toutes ces personnes

chargées de faire ces déclarations, puissent, sans encourir aucune peine, attendre au troisieme jour pour les faire, et profiter ainsi du bénéfice de la loi; néanmoins, malgré cette facilité qui leur est donnée, et comme, qui peut le plus, peut le moins, dans la crainte de prévenir nombre d'inconvéniens fâcheux, qui résulteroient d'un plus long intervalle, nous conseillons ici aux pères, chirurgiens, sage-femmes, maîtres de maisons publiques ou particulières, à tous ceux de qui la loi exige ces déclarations, de ne pas s'en tenir judaïquement à la lettre de la loi, d'en prendre l'esprit, et de se hâter de faire ces déclarations dans les vingt-quatre heures depuis la naissance; les premiers momens de notre existence sont si fragiles, exposés à tant d'échecs, que l'on ne sauroit prendre trop de précaution, pour mettre l'état de l'enfant nouveau né, à l'abri de tous les accidens qui peuvent survenir.

L'Officier civil, chargé de recevoir ces déclarations de naissances, ne manquera pas de faire mention dans l'acte dressé par lui, du temps auquel ces déclarations lui sont faites; si c'est dans les vingt-quatre heures depuis la naissance, dans le second ou dans le troisième jour; et c'est toujours dans les vingt-quatre heures de cette déclaration, que les actes de naissances doivent être dressés par l'Officier public. Pourquoi n'astreindroit-on pas, pour simplifier davantage la loi, l'Officier civil de dresser l'acte de naissance, dans le moment même de la déclaration, laquelle seroit faite dans les vingt-quatre heures depuis la naissance? Il étoit sans doute embarrassant, en retirant des mains des curés et vicaires, le droit de constater l'état civil, en administrant les cérémonies du baptême, pour l'attribuer à des Officiers purement civils, de trouver sur le champ une autre méthode de remplacement, qui renfermât la même uniformité, et qui fût applicable, sans aucune distinction, à tous les citoyens ; c'est au temps qu'il appartient de perfectionner les différentes parties de la législation.

L'article 5 de la loi du 20 Septembre, punit toutes ces personnes chargées de faire ces déclarations, en cas de contravention aux précédens articles, de deux mois de prison ; cette disposition étoit générale, elle a été modifiée et limitée par l'article 1 du décret du 19 Décembre dernier ; cet article porte que cette peine sera prononcée par voie de police correctionnelle, et qu'elle ne pourra point excéder deux mois pour la première fois, et six mois en cas de récidive, sauf les poursuites criminelles en cas de suppression, d'enlèvement ou de défaut de représentation de l'enfant, ou de recelement du décès.

Cette disposition est à peu près la même que celle portée en l'article 5 de la loi du 20 Septembre. C'est sur la poursuite du procureur de la commune, et devant le tribunal de police correctionnelle, que cette peine doit être prononcée par cette voie; elle est de la compétence des Juges de Paix, à l'exception des poursuites criminelles en cas de suppression, d'enlèvement, ou de défaut de représentation de l'enfant, et de recelement du décès : nous avons expliqué dans nos observations sur le décret du 20 Septembre, en quoi consistoient les crimes de suppression, d'enlèvement, de défaut de représentation de l'enfant; nous n'avons pas d'autres explications à y donner; quant au recelement du décès, le mot seul explique ce qui constitue ce crime? c'est celui de cacher au public la connoissance d'un décès qui vient d'arriver.

Que l'on nous permette quelques réflexions sur le genre de peine prononcée contre le défaut de déclaration; *c'est la prison, par voie de police correctionnelle*; l'article 5 du décret du 20 Septembre, fixoit cette détention à deux mois; celui du 19 Décembre détermine le *maximum* du temps de cette détention, à six mois en cas de récidive, en laissant le reste à l'arbitrage du Juge, qui doit alors se décider par la gravité des circonstances, et même par l'état des contrevenans; deux mois de prison pour des pères de famille pauvres, étant, comme l'observe le préambule du projet de décret, deux mois de mendicité, et une source affligeante de calamités civiles et morales : une détention de six mois sembleroit être bien sévère, et peu proportionnée avec une semblable contravention.

Peut-être ces considérations, si dignes de toucher les législateurs, pourroient-elles les déterminer un jour à convertir cette peine de la prison, en des amendes pécuniaires, plus ou moins fortes, suivant l'exigence des crimes, et l'état des coupables; ces peines font plus d'impression, et sont sujettes à de moindres inconvéniens; car les prisons ont sans doute été imaginées plutôt pour la garde que pour le supplice de ceux que la main de la justice y retient ; par exemple, dans le cas de récèlement du décès, la privation de tous droits successifs et éventuels, pourroit servir de punition ; celui qui auroit recelé le décès de la personne à qui il devoit succéder, seroit par cela même privé des avantages attachés à sa qualité d'héritier, et ses droits passeroient, soit à ses enfans, soit, à défaut d'enfans, aux héritiers plus prochains du défunt, de la ligne collatérale.

Cette déclaration de naissance, doit se faire avant la présentation au baptême, comme celle de décès doit l'être avant l'inhumation, à peine de prison, comme le porte l'article ; et je pense que, dans l'un et l'autre cas, le prêtre catholique à qui l'on s'adresseroit pour administrer, soit le sacrement de baptême, soit les cérémonies des funérailles, seroit autorisé à refuser son ministère jusqu'à ce qu'on lui ait justifié que l'on s'est conformé aux règles établies par le décret, justification qui pourroit se faire par la représentation de l'acte de naissance et de décès dressé par l'Officier public.

Le décret du 20 Septembre dernier avoit oublié de taxer les extraits des actes de divorce, dont il est fait mention dans les articles 4 et 7 de la section 5 ; le décret sur le divorce, section 2, article 4, en parlant d'un des actes de comparution des deux époux devant l'Officier municipal, servant de préliminaire au divorce, ordonne qu'il en sera délivré une expédition aux époux, gratuitement, et sans droit d'enregistrement ; mais elle ne s'explique pas sur cet objet, à l'égard des autres actes qui doivent être dressés par l'Officier municipal, qui servent de préliminaire au divorce, et que l'on peut comparer aux actes des publications de mariages, soumis à la taxe.

Il ne seroit pas juste que les actes qui concernent le divorce en fussent exempts, tandis que ceux qui sont relatifs au mariage, contribuent, par cette taxe, aux frais de l'établissement public, destiné à constater l'état des citoyens. L'article 2 du décret du 19 Décembre supplée à cet égard au silence de la loi ; il porte, qu'il sera payé pour chaque extrait d'acte de divorce, la même taxe que pour un extrait d'un acte de mariage ; la taxe pour chaque extrait des actes de mariage, est de douze sols, non compris le timbre. Suivant le tarif des extraits des actes, porté dans l'article 19 du titre II du décret 20 Septembre 1792, on payera donc pour chaque extrait d'acte de divorce, douze sous, non compris le timbre, qui doit se payer séparément. Cet oubli de la loi sur la nécessité de taxer les extraits des actes de divorce, nous avoit échappé à nous-mêmes, dans le nombre des observations que le décret nous avoit fournies.

Le registre particulier, prescrit par l'article 4, section 2 du décret du 20 Septembre, destiné à recevoir les actes de publications de mariages, qui ne doit point être tenu double, et que l'on doit déposer, lorsqu'il sera fini, aux archives de la municipalité, doit, aux termes de l'article 3 du décret du 19 Décembre, servir également pour les actes préliminaires du divorce, qui doivent être dressés par un Officier municipal, et il sera payé pour chaque extrait d'acte préliminaire du divorce, la même taxe que pour un extrait de publication de mariage, c'est-à-dire, douze sous, en ce non compris le timbre. (*article* 3.)

Les actes préliminaires du divorce sont, aux termes des articles 3 et suivans de la loi du 20 Septembre, section 5; 1°. l'acte de requisition de comparution des deux époux, accompagnés de leurs témoins, devant l'Officier public, et en la maison commune, ou autre lieu public servant aux séances de la commune, aux fins de voir prononcer le divorce; 2°. l'acte justificatif de la demande en divorce, et de l'observation des délais exigés par le décret sur le mode du divorce; 3°. le procès-verbal de non-conciliation qui aura

aura dû leur être délivré par leurs parens assemblés; 4°. enfin, les jugemens qui pourroient être représentés par le conjoint demandeur : tous ces actes préliminaires du divorce, et autres semblables, qui doivent être dressés par l'Officier municipal, doivent l'être par lui sur le registre particulier, prescrit pour les publications de mariages.

L'article 4 du décret du 19 Décembre 1792, contient une exception à l'article 4 de celui précédent du 20 Septembre dernier; cet article portoit qu'il seroit dressé acte du tout sur les registres de mariages, c'est-à-dire, tant des actes préliminaires du divorce, que de l'acte du divorce lui-même, qui doit être prononcé par l'Officier public; mais cet article ne s'expliquoit pas sur l'enregistrement de ces différens actes; un article précédent, le 7e de la loi du 20 Septembre, titre 2, les avoit exemptés nommément de cette formalité bursale : les actes qui seront inscrits dans les registres, porte cet article, ne seront point sujets aux droits d'enregistrement; la nouvelle loi, par cet article et le suivant, leur conserve la même exemption; mais en consentant que les actes de divorce ne soient point enregistrés sur le registre des actes de mariage, dans lequel ils seront insérés par l'Officier public, elle veut du moins que, sur la première expédition qui en sera fai.e, et qui ne sera délivrée qu'après le payement du droit d'enregistrement, auquel cette expédition sera sujette, il soit fait mention de cette formalité de l'enregistrement à côté de de l'acte en marge du registre de la municipalité, ainsi que de la date, et du remboursement du payement qui en a été fait. Ce qui est dit ici de la prmière expédition, s'entend également des autres qui pourroient être demandées par les parties; l'Officier public ne pourra les délivrer qu'après que le droit d'enregistrement aura été payé, et que mention en aura été faite, ainsi et de le manière prescrite par le décret.

Il n'en est pas de l'expédition de

ces actes de divorce et de mariage, comme des contrats ou obligations pardevant des notaires, dont ceux-ci ne peuvent délivrer une seconde grosse ou expédition, qu'après une ordonnance du Juge, comme le veut l'ordonnance de 1539, articles 178, 179. Comme ces actes de divorce et de mariage sont des actes particuliers, qui n'intéressent que les personnes qui veulent s'en faire délivrer des expéditions, et qui ne compromettent en rien l'intérêt d'un tiers, rien n'empêche que les parties, auxquelles ces expéditions sont nécessaires, ne se les fassent délivrer une seconde, une troisième, comme une première fois, sans que l'Officier civil, chargé de la réception de ces actes, et de l'expédition d'iceux, puisse le refuser, ni apporter d'autre empêchement que ceux que le décret y a apposés, c'est-à-dire, le paiement du droit d'enregistrement, duquel, ainsi que de la date et du remboursement, il sera fait mention, comme dit est ci-dessus.

Il en est de ces expéditions des actes de divorce et de mariage, comme des extraits des actes de naissances et de décès, dont il est permis de lever des expéditions toutes fois et quantes que les parties intéressées peuvent en avoir besoin; on ne peut pas plus refuser les uns que les autres.

L'article 4 de la loi du 20 Septembre, en parlant *du registre particulier* destiné à recevoir les actes de publications de mariages, porte, qu'il ne sera pas tenu double; mais il ne s'exprime pas d'ailleurs sur la forme de ce registre; il semble, par ce silence, ne pas l'assimiler aux autres registres, dont la forme est déterminée par l'article 2 du titre 2 du même décret.

Dans nos observations sur l'article 4, nous avions fait cette remarque; ce registre ne sera pas tenu double, disions-nous. La loi ne s'explique pas sur les autres circonstances, celles de savoir si ce registre sera sur papier timbré; si chaque municipalité sera obligée de s'en fournir, ou bien s'ils seront fournis aux frais de chaque district, et envoyés aux municipalités par les directoires, en même tems que les trois autres registres doubles, de naissances, mariages et décès ; enfin si ce registre sera coté, comme ceux-ci, par premier et dernier, et paraphé sur chaque feuillet, sans aucuns frais, par le président de l'administration du district, ou, à son défaut, par l'un des membres du directoire.

L'article, ajoutions-nous, ne faisant qu'une seule exception, qui est que ce registre particulier doit être tenu double, semble, par-là, l'avoir mis dans un ordre inférieur à celui des registres doubles courans : nonobstant le silence de la loi sur la forme de ce registre particulier, nous penserions qu'il doit être, comme les autres, sur papier timbré ; mais qu'il n'est pas nécessaire, puisque la loi ne le dit point, qu'il soit coté par premier et dernier, ni paraphé sur chaque feuillet par l'Officier public chargé de cette publication ; que chaque municipalité doit s'en munir à ses propres frais, etc.

D'après les changemens et modifications introduits par l'article 5 du décret du 19 Décembre, nous sommes en état d'apporter à cette décision les restrictions nécessaires pour la renfermer dans les termes de la loi nouvelle ; cet article assimile absolument les registres de publications des mariages, d'oppositions, et des actes préliminaires du divorce, dont il est parlé dans les artices 4, section 2 ; article 6, section 3 ; articles 3 et 4, section 5, de la Loi du 20 Septembre, aux trois registres doubles destinés à constater les naissances, les mariages, et les décès, et dont la forme est réglée par l'article 2 du titre 2 du même décret ; d'après cela, ces registres doivent être sur papier timbré, comme nous l'avions pressenti ; mais c'est aux frais de chaque district, et non pas de chaque municipalité, qu'ils seront fournis ; ce sont les directoires de district qui sont chargés de les envoyer aux municipalités, tous les quinze premiers jours du mois de Décembre de chaque année; ils doivent être cotés, comme les registres doubles, par premier et dernier, et paraphés sur chaque feuillet par le président de l'administration du district, ou, à son défaut, par l'un des membres du directoire, à l'ordre de la liste.

D'après cet article 5, il sembleroit que l'on dût distinguer deux sortes de registres particuliers, outre les registres doubles. 1°. Les registres destinés à recevoir les actes préliminaires du divorce, et 2°. ceux de publication des mariages et d'oppositions auxdits mariages; voilà le sens que présentent les termes de cet article 5; cependant, si l'on consulte la loi du 20 Septembre, dans les articles où il est question des publications des mariages, des oppositions, et des autres préliminaires du divorce, on verra que tous ces registres se réduisent à un seul, à celui sur lequel doit être dressé l'acte

que ce sont les mêmes que ceux qui sont destinés à recevoir les actes de mariages, et qu'il est reconnu par l'article 4 du même décret, que ces actes de divorce doivent être insérés sur le registre des actes de mariage.

L'article 5 du même décret renferme la même disposition générale, sur la formalité de l'enregistrement, que les articles 7 et 18 du titre 2 de la Loi du 20 Septembre; comme eux, il exempte de cette formalité fiscale, les registres, ainsi que les extraits, qui en seront délivrés. Tous les registres, y est-il dit, et extraits qui en sont délivrés, sont exempts de la formalité, et du droit d'enregistrement.

SECTION DEUXIEME.

Articles particuliers pour les Communes dont la population est de 50,000 ames et au-dessus.

Passons maintenant aux articles particuliers qui composent la section 2 du décret, et qui ne sont relatifs qu'aux villes dont la population considérable a exigé que l'on apportât ces modifications à l'exécution du décret. Tous ces articles particuliers ont eu pour but de remédier aux difficultés que présentoit l'obligation de se conformer à ce que prescrivoient les articles 6 du titre 3, et 2 du titre 5 du décret du 20 Septembre, concernant les déclarations des naissances et décès.

On a senti combien une immense population rendoit difficile, dangereuse même l'exécution de ces articles, dans les villes du premier ordre.

Et en effet, comment auroit-il été possible, sans des inconvéniens qu'on ne sauroit calculer, de se conformer littéralement à cette loi, qui porte, article 6, que l'enfant sera porté à la maison commune, ou autre lieu public servant aux séances de la Commune; qu'il y sera présenté à l'Officier public, lequel, en cas de péril imminent, sera tenu, sur la réquisition qui lui en sera faite, de se transporter dans la maison où sera le nouveau né? Pour peu qu'on réfléchisse, dit le projet du décret, au nombre des naissances dans Paris, par exemple, où il n'est guères moindre d'environ 50 par jour, aux affaires de *tout genre qui occupent* continuellement les séances de la Commune, à l'affluence ordinaire des citoyens dans le lieu de l'assemblée, à la foule énorme qui se presse fréquemment dans les avenues de cette salle, jusques dans la place et dans les rues qui l'avoisinent, on reconnoîtra qu'il est impossible d'y exécuter cette disposition.

Quels dangers pour la vie des enfans nouveau-nés! Quel tumulte, quel vacarme ne s'établiroit pas dans une enceinte où doivent régner l'ordre et le silence!

Quelle lenteur dans les expéditions! quelles erreurs peut-être dans les actes! quelle perte de tems pour les personnes obligées de faire les déclarations, et pour leurs témoins.

D'un autre côté, ajoutent les rédacteurs du projet de décret, si des enfans se trouvent dans un danger emminent, ce qui peut arriver chaque jour à plusieurs, et au même instant, comment l'Officier public, sur la réquisition qui lui en sera faite, se transporteroit-il assez promptement à de grandes distances, en différens quartiers très-éloignés, et portant avec lui le grand registre qui seroit nécessaire, puisque la loi lui défend d'écrire sur feuilles volantes? Il est sensible qu'avec les seuls moyens que fournit la loi, le service manqueroit, que le désordre, la confusion, les mécontentemens nécessiteroient une prompte réforme.

Les déclarations des décès, qui doivent être, suivant l'article 2 du titre 5 du décret du 20 Septembre, vérifiées par l'Officier public, dans la maison de chacun des décédés, ne présentent pas dans leur exécution de moindres difficultés; en supposant, avec les membres du comité de législation, environ 50 morts par jour dans Paris, ce qui est le moyen terme, on apperçoit aussi-tôt l'impossibilité physique de faire transporter dans un jour l'Officier public et le registre, en 50 maisons, dans les différens quartiers de la ville.

C'est pour prévenir de semblables inconvéniens, qui se feroient également sentir dans les autres grandes villes, plus ou moins, suivant la mesure de leur population, que le décret du 19 Décembre charge des Officiers auxiliaires de suppléer, dans ces fonctions pénibles, les Officiers municipaux et les membres de la commune, et de multiplier, suivant le besoin, ces Officiers municipaux.

La loi n'a pas trouvé de meilleur tempérament que celui de substituer aux Officiers municipaux, les Commissaires de police; et voici dans quelle forme : elle est indiquée par les articles 1, 2, 3, 4, 5, 6, 7 et 8 du décret, section 2.

Suivant le 1er article, dans les Communes de 50 mille ames et au-dessus, les déclarations de naissances et de décès doivent se faire d'abord devant le Commissaire de police de la section ou du quartier.

Par ce mot *d'abord*, l'article sous-entend d'autres formalités, qu'un des articles suivans, le 4e., va bientôt nous indiquer.

L'article 2 du titre 1 de la loi du 20 Septembre, s'étoit contenté de désigner, en termes généraux, les Officiers civils chargés de la réception des actes de naissances, mariages et décès; les conseils généraux des Communes nommeront, est-il dit dans cet article, parmi les membres, suivant l'étendue et la population des lieux, une ou plusieurs personnes qui seront chargées de ces fonctions: c'est donc par une exception particulière à cette disposition générale, que l'article 1 du décret du 19 Décembre, délègue en première instance aux commissaires de police de la section ou du quartier, ces fonctions, que celui du 20 Septembre avoit attribuées exclusivement aux Officiers municipaux; nous avons vu plus haut quels ont été les motifs de cette modification, que l'exécution de la loi rendoit indispensable.

Si nous supposons avec les membres du comité de législation, que le nombre, tant des naissances, que des décès, dans une ville telle que Paris, ne monte qu'à cent par jour environ; nous concevrons à merveille que quarante-huit commissaires répandus dans l'étendue de la capitale, peuvent suffire à ces fonctions, puisque cela ne fait que deux actes, l'un de naissance, et l'autre de décès, pour chaque commissaire de police; cependant quelque faciles que paroissent être pour eux ces fonctions, quand on songe qu'elles viennent se mêler à plusieurs autres objets de détail, dont ils sont également chargés, que ces actes de naissances et de décès doivent être dressés avant le baptême et l'inhumation; on voit que cette obligation de s'adresser d'abord au commissaire de police; ensuite aux Officiers municipaux, devient une surcharge pour les citoyens, et qu'elle entraîne nécessairement des courses et des démarches, dont la perte de tems est la suite inévitable.

Comme l'article 2 du titre 1 du décret du 20 Septembre, n'avoit pas déterminé le nombre plus ou moins grand des personnes chargées de constater l'état civil des citoyens, et qu'il s'étoit contenté de se renfermer dans la règle générale, en indiquant pour cette mesure l'étendue et la population des lieux ; nous avions, pour interprêter la loi, supposé une proportion, dont il ne peut plus être question ici, d'après les articles qui composent la section 2 du décret du 19 Décembre.

Voici, à cet égard, le calcul que nous avions adopté dans nos observations pour les villes qui sont grandes et bien peuplées.

Dans cette hypothèse, disions-nous, il paroîtroit raisonnable de ne nommer qu'une seule personne, pour une Commune composée de plus de mille ames ; deux pour celles au-dessus de dix mille ; trois pour celles au-dessus, en prenant soin d'augmenter ce nombre d'une personne de plus, en raison des dix mille excédant cette proportion.

Le 1er article du nouveau décret, nous épargne toutes ces combinaisons, en ordonnant que, dans les Communes de cinquante mille ames et au-dessus, les déclarations de naissances et de décès se fassent d'abord devant le Commissaire de police de la section ou du quartier.

Ainsi, ce que nous avons proposé dans nos observations, ne seroit plus applicable qu'aux Communes, dont la population est au-dessous de cinquante mille ames; mais on pourroit peut-être réduire sans inconvénient le calcul ci-dessus proposé, en ne nommant qu'un seul Officier pour une Commune au-dessus de vingt mille ames. C'est au surplus l'étendue et la population des lieux qui doit servir de règle.

Ces déclarations de naissances et décès doivent être faites devant les Commissaires de Police, dans les trois jours de la naissance, aux termes de l'article 1, section 1re du décret du 19 Décembre, dans les mêmes formes, avec les mêmes indications et par les mêmes personnes désignées dans la loi du 20 Septembre dernier, titre 3, article 1 et suivans. En cas de péril imminent, le Commissaire de Police sera tenu, comme le porte l'article 6, sur la requisition qui lui en sera faite, de se transporter à la maison où sera le nouveau né; et lorsqu'il sera question de vérifier les déclarations de décès, il se transportera au lieu où la personne sera décédée, pour s'assurer du décès, d'après ce qui est prescrit par l'art. 2 du titre 5 du décret du 20 Septembre; et, s'il y a indice de mort violente, il se conformera aux articles 7, 8 et 9 du même titre.

On sait, à cet égard, que les corps de ceux qui auront été trouvés morts avec des signes ou indices de mort violente ou autres circonstances qui peuvent donner lieu de le soupçonner, ne peuvent être inhumés qu'après que l'Officier de Police aura dressé procès-verbal, aux termes de l'article 2 du titre 3 de la loi sur la police de sûreté.

Que l'Officier de Police, après avoir dressé le procès-verbal de l'état du cadavre, et des circonstances y relatives, sera tenu d'en donner sur le champ avis à l'Officier public, et de lui en remettre un extrait contenant des renseignemens sur les pré noms, noms, âge, lieu de naissance, profession et domicile du décédé.

Que l'Officier public dressera l'acte de décès sur les renseignemens qui lui auront été donnés par l'Officier de Police.

Il sera fourni à chacun des Commissaires de Police, deux registres simples, l'un pour les naissances, et l'autre pour l.s décès. Le Commissaire de Police dressera sur l'un de ces registres le procès-verbal de la déclaration qui lui sera faite par les personnes chargées par la loi de la faire, dans les formes indiquées par elle, et le signera avec les déclarans et les témoins.

Dans le cas où quelques-uns des déclarans et des témoins, ne sauroient ou ne pourroit signer, il en seroient fait mention au bas du procès-verbal par le Commissaire de Police. Cet article renferme une exception à l'article 22 du tit. 2 de la loi du 20 Septembre, qui vouloit que, dans les villes dont l'étendue et la population exigent qu'il y ait plus d'un Officier public chargé de constater les naissances, mariages et décès, il fût fourni trois registres doubles à chacun d'eux; cet article regarde les Officiers municipaux qui seront chargés de dresser à la maison commune les actes solemnels de naissances et décès sur le relevé des registres particuliers des Commissaires de Police.

Les registres dont il est fait mention dans l'article 3, doivent être fournis par les Municipalités, ils doivent être cotés par premier et dernier, et paraphés sur chaque feuillet ; le tout sans frais, par le Maire, ou, à son défaut, par un Officier municipal, suivant l'ordre de la liste. Tous lesdits registres, et les extraits qui en seront délivrés, sont exempts de la formalité et du droit d'enregistrement.

Voilà quel est l'expédient que l'on

a imaginé pour suppléer, dans les villes d'une grande population, les les Officiers municipaux et les Membres de la Commune: on a chargé de ces fonctions de constater l'état civil, les Commissaires de Police, qui sont eux-mêmes des Officiers municipaux auxiliaires, élus immédiatement par le peuple.

Les Commissaires de Police, de la section ou du quartier, recevront en premier lieu les déclarations de naissances et décès dans le lieu public de la séance de la section, dans le même délai et les mêmes formes qui sont prescrites par la loi; ensuite ils inscriront ces déclarations sur des registres simples qu'ils tiendront à cet effet, dont ils délivreront extrait sur le champ, sans aucuns frais; sur cet extrait, l'acte solemnel sera ensuite dressé à la Maison commune par l'Officier municipal.

Les registres des Commissaires y seront déposés à chaque trimestre, pour servir de contrôle aux registres communs, et de bases aux poursuites du Procureur de la Commune contre les contrevenans, qui seroient punis pour avoir omis la seconde déclaration, comme pour avoir manqué à la première.

Cette nouvelle forme, quelqu'avantageuse qu'elle paroisse, ne prévoit pas tous les inconvéniens; au surplus, elle a cela de commun avec toutes les loix qui, faites pour des espèces générales, ne peuvent pas descendre, sans perdre quelque chose de leur dignité et de leur clarté, à tous les objets de détail.

Cette forme, en effet, seroit susceptible d'une plus grande perfection, qui en feroit disparoître l'embarras et la défectuosité. L'embarras, en ce qu'elle multiplie pour les citoyens obligés à ces déclarations, deux opérations semblables, lorsqu'une seule pourroit suffire : en effet, ils seront obligés de s'adresser d'abord aux Commissaires de Police, pour aller de-là à la Maison commune répéter la même déclaration ; le Comité l'a parfaitement senti lui-même ; c'est une gêne, à la vérité, lit-on dans le projet de décret, page 6, pour les habitans des grandes villes; mais ils en sont bien dédommagés par les inestimables avantages d'un seul registre pour l'immense population dont ils font partie.

N'existeroit-il donc point de moyen de leur conserver cet avantage inestimable d'un seul registre, si c'en est un, et de leur épargner une partie de cette gêne réelle.

Je le pense ainsi, et ce moyen seroit, ce me semble, d'imprimer absolument aux Commissaires de Police chargés de ces fonctions, le caractère d'Officiers municipaux en cette partie, de les leur déléguer en dernier ressort, de leur attribuer, en un mot, le droit de recevoir ces déclarations de naissances et de décès, d'en dresser acte sur deux registres doubles, comme le faisoient ci-devant les Curés et Vicaires, que ces Officiers Civils remplaceroient : ces registres dressés par eux, seroient ensuite déposés tant aux archives des

directoires

directoires de département, qu'à celles des Municipalités.

On éviteroit, par-là, aux habitans la gêne de se présenter à la Maison Commune pour le même objet qui les a conduits précédemment devant les Commissaires de Police. Quel pourroit être le motif de ne point abandonner entièrement à ces Officiers Civils, des fonctions dont on leur laisse une partie! Mais il n'y auroit plus un seul registre pour tous les habitans! il en existeroit autant qu'il y a de Commissaires de Police; mais autrefois il y avoit à Paris 52 Paroisses, et chacune d'elles avoit un registre particulier : multiplier les registres, c'est assurer plus solidement l'état des hommes, c'est mettre ces registres précieux à l'abri de tous les accidens, qui sont bien plus à craindre, plus irréparables, quand il n'y a qu'un seul et unique registre, que lorsqu'il en existe plusieurs.

Non-seulement cette forme seroit plus commode pour les habitans, mais elle seroit plus sûre. Pourrait-on aussi facilement garantir l'authenticité de ces actes solemnels dressés à la Maison Commune, sur ces copies délivrées par les Commissaires de Police, sur-tout si ceux-ci abandonnent l'expédition et la levée de ces extraits à des secrétaires ignorans, peu soigneux, qui laisseront échapper des fautes d'orthographe et de style? je sais bien que l'on peut répondre que ces derniers inconvéniens seront prévus ou réparés par le récollement et le contrôle que l'on fera des registres communs, d'après les registres particuliers des Commissaires; mais enfin, si l'on peut s'épargner cette vérification, qui deviendroit inutile au moyen de l'expédient simple et naturel que nous proposons, pourquoi ne l'adopteroit-on pas?

L'usage, qui est le meilleur interprête des loix, fera voir laquelle de ces deux méthodes réuniroit plus d'avantages.

Dans les huit premiers jours de chaque trimestre, chacun desdits

Commissaires déposera ses registres de naissances et décès du trimestre précédent, à la Maison Commune, et les Officiers Municipaux seront tenus d'en faire le récollement avec les registres généraux, de relever les contraventions, s'il y en a eu de commises, et de les dénoncer au Procureur de la Commune, qui sera tenu de poursuivre les personnes trouvées en contravention, pour les faire punir, comme il est dit en l'article premier de la section première de la présente loi, c'est-à-dire, sous peine de prison, qui doit être prononcée par voie de police correctionnelle, et sauf les poursuites criminelles dans les cas marqués par la loi.

Les conseils généraux desdites Communes pourront nommer au scrutin, et à la pluralité absolue des suffrages, un commis en chef, qui sera chargé de la garde de tous les registres servant à constater l'état civil des citoyens; et tous ces registres seront en conséquence réunis dans le même lieu.

Il y a peut-être quelque danger, non point à confier à un seul homme la garde de tous les registres, mais à les réunir tous dans un même lieu ; auquel cas, si ce lieu venoit à être incendié, tous les registre se trouveroient perdus ; c'est cet inconvénient, sur lequel il est inutile d'insister, que toutes nos anciennes loix avoient cherché à prévoir, en ordonnant que ces registres seroient placés dans des lieux différens, c'est-à-dire, dans les dépôts des différentes Paroisses, et dans les Greffes des jurisdictions royales ; il seroit prudent de conserver cette mesure de sûreté, et la loi du 20 Septembre dernier semble avoir voulu l'imiter, et en établir une assez semblable, par les articles 12 et 13 du titre 2, qui portent, que ces registres seront déposés et conservés, tant aux archives des directoires de départemens, qu'à celles des Municipalités.

L'inconvénient remarqué par les membres du comité de législation, de laisser la garde de ces registres, reposer directement sur la tête de plusieurs Officiers Municipaux occupés de ce soin, simultanément et passagèrement, seroit obvié, puisque la garde en seroit confiée aux dépositaires des archives des directoires des Départemens et des Municipalités.

Cet article 7 ne concerne que les Communes de cinquante mille ames et au-dessus; car, pour celles dont la population n'est pas dans cette proportion, on doit se conformer, pour la tenue et le dépôt des registres, aux dispositions générales des articles 12, 13 et 21 du titre 2 de la loi du 20 Septembre.

Le huitième et dernier article du décret a pour objet la fixation de la taxe destinée à subvenir aux frais de l'établissement public, qui servira désormais à constater l'état des citoyens; on conçoit sans peine que la tenue, le dépôt et la garde des registres de l'état civil, gratuits autrefois, entraîneroient par cette innovation pour les grandes villes, des frais considérables; rien n'est plus juste de soulager les finances de ces Communes par une légère augmentation des frais des extraits de ces actes, de manière que la taxe soit plus forte que celle qui est fixée à l'égard des autres Communes, dont le population est au-dessous de cinquante mille ames: ces frais extraordinaires seront règlés par les Administrateurs de Département, mais de manière que dans la plus grande ville, le *maximum* de cette taxe ne puisse être porté au-delà du double du taux commun déjà fixé par la loi.

C'est donc dans la vue de fournir aux frais de ce nouvel établissement, que les conseils généraux des Communes, de cinquante mille ames et au-dessus, pourront se faire autoriser, par l'administration du département, à percevoir, pour les extraits des registres concernant l'état civil des citoyens, une taxe plus forte que celle qui est fixée à l'égard des autres Communes de la République; mais le *maximum* de cette taxe ne pourra excéder dix sous par chaque extrait d'acte de naissance, décès, publication de mariage, ou d'acte préliminaire du divorce, et 20 sous pour chaque extrait d'acte de mariage ou de divorce; le tout non compris le timbre.

Cette disposition, comme nous l'avons vu, n'est relative qu'aux Communes de cinquante mille ames et au dessus; quant aux autres Communes, elles doivent se conformer à la taxe générale portée dans l'article 19 du titre 2 de la loi du 20 Septembre, qui est de six sous pour chaque extrait des actes de naissances, décès et publications de mariage, et douze sous pour chaque extrait des actes de mariages, non compris le timbre. Et à l'égard des extraits des actes de divorce, que les loix sur l'état civil et sur le divorce, avoient oublié de taxer, nous avons vu que la taxe en étoit la même que celle de l'extrait d'un acte de mariage; douze sous.

Ce dernier décret du 19 Décembre dernier, dont nous venons de parcourir les dispositions, n'a rien changé d'ailleurs au mode fixé pour constater les mariages et les divorces.

Nous finirons par quelques observations relatives à quelques-unes des dispositions de la loi du 20 Septembre.

La première se rapporte aux articles 1 et 3 du titre 4 des mariages; l'un veut que l'acte de mariage soit reçu dans la Maison Commune du lieu du domicile de l'une des parties.

L'autre porte, que les parties se rendront *dans la salle publique* de la Maison Commune, etc.

L'exécution de ces deux articles offre les mêmes difficultés que celle des articles 6 du titre 3, et 2 du titre 5 de la même loi; les réflexions que nous avons faites plus haut à ce sujet, s'appliquent également à ceux-ci. Quelle gêne pour les habitans d'une ville aussi immense que Paris, si les parties qui veulent contracter le mariage, sont obligées de se rendre de toutes les extrémités de la capitale, accompagnées de leurs quatre témoins, de leurs pères et mères, parens et amis, dans la Maison Commune : quelque vaste qu'elle soit, pourroit-elle suffire à contenir cette affluence énorme, qui seroit bientôt grossie par la foule que d'autres affaires de tout genre y attirent également ? En ne portant le nombre des mariages qui se font à Paris, qu'à cent par jour ; si vous ajoutez au nombre des parties contractantes, leurs témoins, leurs parens et amis, vous trouverez ce nombre presque décuplé ! Que de fatigues pour parvenir, à travers les flots du peuple, jusques à la salle commune destinée à la cérémonie du mariage ; comment les parties, l'Officier civil lui-même, pourroit-il vaquer à la réception des promesses des futurs époux ? comment dresser l'acte du mariage avec l'attention qu'un pareil engagement exige, au milieu de l'agitation et du tumulte dont cette enceinte sera remplie ? Je ne parlerai point des autres dangers que la décence et la pudeur d'une jeune fille bien née pourra courir, lorsqu'elle entendra les propos indiscrets et malins, peut-être même les discours sales et grossiers que des spectateurs de toutes les classes, attirés dans ces salles publiques, par la curiosité ou l'oisiveté, se permettront sur son compte; et si quelquefois, à la sortie de nos temples sacrés où tout imprime le respect et la réserve, une jeune mariée avoit à rougir de semblables apostrophes, combien ces licences deviendront-elles plus communes, dans un lieu profane, ouvert indifféremment à tout le monde?

Ne pourroit-on pas, d'après ce que l'on vient d'établir, concernant les déclarations de naissances et décès, qui doivent être reçues d'abord par les Commissaires de Police, placer dans le chef-lieu de chaque section, un Officier Public chargé d'y recevoir les promesses des futurs époux, et d'y dresser l'acte de leur mariage; cette formalité seroit moins gênante pour les citoyens, elle seroit plus favorable aux bonnes mœurs et à la décence; elle ne seroit propre qu'aux Communes de cinquante mille ames et au-dessus, qui, par l'immensité de leur population, présentent pour l'exécution des articles 1, et 3 du titre 4, des difficultés à-peu-près semblables à celles de l'exécution de l'article 6 du titre 3.

Le secrétaire d'une Municipalité, pourroit-il être en même-tems Officier civil, chargé de la réception des actes de naissances, mariages et décès? Cette difficulté s'est présentée, relativement à une Municipalité de campagne; je ne trouve rien dans la loi, qui s'y oppose, si ce n'est cependant, que l'on prétende que ce choix doit être fait, aux termes de l'article 2 du titre 1, parmi les membres des conseils généraux des Communes, et que le secrétaire-greffier de la Commune n'en fait pas partie? C'est à la vérité ce conseil général de la Commune qui choisit et nomme le secrétaire-greffier ; mais comme les décrets préexistans, non plus que la loi du 20 Septembre, n'ont pas déclaré que cette place seroit incompatible avec les fonctions de l'Officier public chargé de constater l'état civil des citoyens, je n'apperçois pas le motif d'exclusion contre le secrétaire-greffier. Ses fonctions sont incompatibles avec celles de Maire, mais elles se concilient parfaitement avec celles de l'Officier public auquel la loi confie la réception des actes de naissances, mariages et décès. La question, au surplus, se réduit à savoir si les termes de l'article 2 du titre 1, ci-dessus cités, sont ou limitatifs, ou s'ils sont simplement énonciatifs. Au premier cas, le secrétaire-greffier de la Municipalité ne pourroit point être choisi ; au second, il pourroit être nommé : c'est la décision que nous adopterions.

D'après la liberté que semblent laisser les articles 1 et 11 du titre 3, de donner à l'enfant tel nom que l'on jugeroit à propos de lui imposer, on demande si un prêtre, auquel on présenteroit un enfant à baptiser, pourroit être forcé à lui donner les noms profanes, bisarres, impies ou ridicules, que le caprice ou une imagination déréglée imagineroit ? Je ne le pense pas. Il faut ici consulter d'autres règles que celles de la politique, et d'abord il n'y a point de loi civile qui y oblige ce prêtre; ainsi on ne pourroit pas l'exiger de lui, ni être autorisé à lui faire faire des sommations pour l'y contraindre, ni obtenir contre lui des jugemens à cet effet. Mais si nous consultons des motifs supérieurs à ceux-ci, et d'un ordre plus relevé, nous devons penser que celui qui présente cet enfant au baptême, est pénétré de la sainteté et de la vérité de cette cérémonie, qu'il est convaincu que le prêtre qui doit administrer le sacrement, doit se soumettre, ainsi que lui, à toutes les règles établies par l'église, pour sa dispensation. Or, les rituels de tous les diocèses, fondés sur ce point sur les dispositions des canons, ne permettent point d'imposer indistinctement aux enfans qui sont présentés au baptême, tous les noms qu'on voudroit leur donner. D'après cela, peut-on supposer qu'un véritable chrétien, qui, en faisant baptiser son enfant, a pour but de lui conférer un avantage réel, iroit, par dérision ou par impiété, mêler à cette cérémonie des bouffonneries ou des extravagances, si contraires à la sainteté de ce sacrement; que s'il se présentoit quelqu'un d'assez peu raisonnable, pour l'exiger du prêtre, celui-ci seroit bien fondé à lui refuser son ministère, et à le renvoyer à quelqu'autre, plus disposé à tolérer de semblables extravagances, aussi contraires à la gravité de la religion, qu'aux simples règles du bon sens?

Un conseil que nous donnerons, en finissant, aux parties intéressées à la conservation des actes de naissances, mariages et décès, ce seroit, dans ces premiers momens où les rouages de cette nouvelle institution ne sont point encore en pleine activité, de prendre la précaution, surtout dans les Municipalités de campagne, qui n'offrent pas les mêmes ressources que celles des villes, de se faire délivrer sur le champ, par l'Officier public, des extraits de ces actes de naissances, mariages et décès, certifiés par lui conformes aux originaux, de déposer ensuite ces extraits, soit dans un greffe quelconque, soit chez un notaire.

P. S. Nous n'avons pas pu nous procurer le requisitoire de M. Manuel sur l'exécution de la loi sur l'état civil et le divorce, dont le conseil général de la Commune avoit ordonné l'impression et l'ajournement, dans la séance du 13 Octobre dernier. D'après cela, l'éditeur de cet ouvrage s'est déterminé à rédiger un style et des formules des actes dont il est question dans ces différens décrets; mais l'exactitude et la précision qu'on a tâché de mettre dans ce nouveeu travail, a nécessairement retardé la publication de l'ouvrage;

il seroit bien à desirer que le comité de législation, à qui nous devons le décret interprétatif du 19 Décembre, s'occupât soit par lui-même, soit par des Commissaires choisis par lui, de la rédaction de ce style et de ces formules; ces formes auroient alors un caractère d'autorité publique, qui, en les rendant uniformes pour toutes les Municipalités, rendroit l'exécution de ces loix importantes, et plus facile et plus sûre; les loix civiles seroient à-peu-près inutiles, sans les formes judiciaires, elles seroient muettes du moins, et inactives; ce sont les formes qui leur impriment la vie et le mouvement? Personne ne peut tracer plus sûrement la marche à suivre pour les mettre à exécution, que le génie qui les a conçues.

Nota. Au nombre des loix qui se trouvent abrogées par les décrets du 20 Septembre et 19 Décembre 1792, nous devons placer l'édit de 1556, la déclaration de 1639, ouvrage du célèbre Jérôme Bignon, et l'édit de

1697, dans les dispositions qui sont relatives aux formalités du mariage.

ADDITION.

Il vient de paroître un dernier décret, le 31 Janvier dernier, interprétatif de l'article II du titre IV de la loi du 20 Septembre dernier, sur la majorité des citoyens.

La majorité est l'âge auquel l'on est présumé, par la loi, avoir acquis la majorité d'esprit suffisante pour bien gouverner ses affaires.

La majorité étoit autrefois fixée parmi nous à 15 ans, comme le prouve la loi des Ripuaires, qui porte; que si un Ripuaire est mort, ou qu'il ait été tué, et qu'il ait laissé un fils, il ne pourra poursuivre ni être poursuivi en jugement, avant qu'il ait 15 ans complets; pour lors il répondra lui-même, ou choisira un champion.

Plusieurs de nos Coutumes, telles que celles d'Amiens, article 235; d'Anjou, art. 444; d'Artois, article 145; de Normandie, art. 38, avoient fixé la majorité à 20; quelques-autres, en abrégeant le tems de la minorité, s'étoient encore rapprochées davantage de notre ancien droit français; celle de Tournai répute majeurs les mâles à 18 ans, et les filles à 15; celle de Boulonnois, par l'article 120, répute majeurs les mâles à l'âge de 15 ans, et les filles à 11, mais en leur interdisant la vente de leurs immeubles: la plupart de nos autres Coutumes, comme celle de Paris, en adoptant la disposition du droit Romain, fixoit la majorité à 25 ans, et cette disposition nous semble beaucoup plus raisonnable.

Mais on sait que toutes ces majorités coutumières et avancées, n'empêchoient pas que ceux qu'elles émancipoient par ces dispositions, ne fussent restituables contre les actes et contrats par lesquels ils avoient été trompés et lésés, suivant la remarque du célèbre Dumoulin, dans ses apostilles sur ces Coutumes.

Le décret du 20 Septembre dernier, au titre des mariages, section première des qualités requises pour pouvoir contracter mariage, porte, article 2, toute personne sera majeure à 21 ans accomplis.

L'article 3 ajoute : les mineurs ne pourront être mariés sans le consentement de leurs pères et mères ou voisins, ainsi qu'il va être dit :

Ces deux articles du décret étoient incomplets, en ce qu'ils n'abrogeoient pas positivement les sommations respectueuses, en ce qu'ils ne disoient pas si la majorité de 21 ans s'étendoit à tous les effets civils, si elle emportoit la libre disposition des immeubles, si la restitution pour simple lésion, pouvoit être encore admise contre les aliénations faites avant l'âge de 25 ans, ni enfin si cette majorité de 21 ans suffisoit désormais pour être admis aux fonctions publiques.

La majorité est désormais fixée parmi nous *à 21 ans accomplis.* Il ne suffit pas, pour être réputé majeur, d'avoir acquis l'âge de 21 ans, c'est-à-dire, d'être entré dans la vingt-unième année, il faut que les vingt-un ans soient entiers et accomplis; de manière que, par la disposition du droit, adoptée par cet article 2 du décret, celui qui auroit contracté en sa vingt-unième année, et à pareil jour qu'il est né, une heure seulement avant celle de sa naissance, est réputé mineur, à l'effet de pouvoir être restitué, s'il a été trompé; c'est la disposition de la loi 3, § *minorem*, *de minoribus*, *au ff.* liv. 4, titre 4, *minorem autem viginti quinque annis natu, videndum an etiam diem natalis, sui adhuc dicimus ante horam quâ natus est, ut si captus sit restituatur; et cum nondum compleverit, ita erit dicendum : ut à momento in momentum tempus spectetur, etc.*

La majorité étant fixée à vingt-un ans, il suit de ce principe, que l'on peut à cet âge disposer de ses immeubles, les aliéner même irrévocablement, sans aucune espérance de restitution pour simple lésion.

On peut également à cet âge se

marier sans sommations respectueuses, et sans appréhender l'exhérédation : nous l'avions ainsi décidé dans nos observations sur le décret du 20 Septembre, paragraphe 4 des mariages. Comment, après la loi qui tolère, autorise le divorce, qui considère le mariage comme une alliance passagère, voudroit-on gêner en aucune sorte la faculté de le contracter, que le décret précédent du 20 Septembre accorde d'une manière illimitée? Le droit de se marier est un droit naturel et civil, soumis aux restrictions de la loi de l'état, le mariage appartient au droit des gens, c'est la remarque faite quelque part par le savant Cujas : *jus gentium in nuptiis potissimùm spectari opportet.*

Ce sont toutes ces questions, dont on sent aisément toute l'importance pour la tranquillité des familles et des particuliers, que le nouveau décret, interprétatif des articles 2 et 3 de celui du 20 Septembre, a décidées pour l'affirmative,

La Convention nationale, ouï le rapport de son comité de législation, interprêtant l'article 2, sect. 1re, titre 4 de la loi du 20 Septembre dernier, déclare que la majorité, fixée à vingt-un ans, par cet article, *est parfaite à l'égard de tous les droits civils, et que les majeurs de vingt-un ans doivent être considérés, quant à leurs affaires privées, comme l'étoient dans toute la France, avant l'époque de ladite loi, les majeurs de vingt-cinq ans;* déclare au surplus que ce même article ne déroge point aux loix qui fixent l'âge requis pour être admis à exercer des droits ou des fonctions politiques, et que ces loix continueront d'être observées provisoirement, suivant leur forme et teneur. (Décret du 31 Janvier 1793, extrait du journal des débats et décrets. Séance dudit jour, n°. 135, pag. 415.)

Cet article, comme on le voit, distingue deux sortes de majorités; l'une civile, l'autre politique. Quant à la première, elle est fixée à 21 ans accomplis ; et à l'égard de la seconde, qui est celle qu'il faut avoir atteint pour exercer des droits et des fonctions politiques, elle demeure telle qu'elle a été réglée par les décrets précédens ; ces droits et ces fonctions politiques, sont de pouvoir élire et d'être éligible aux places de Juges de Paix, de Juges dans les Tribunaux, d'Administrateurs de Districts et de Départemens, de Députés au corps législatif, etc. et l'âge auquel on peut être revêtu de ces fonctions, est celui de 25 et de 30 ans : le décret du 31 Janvier dernier ne déroge point à ces loix antérieures.

Ainsi, d'après ce nouvel article, la demande en restitution, qui, à l'égard des mineurs, se prescrit par dix ans, à compter du jour de leur majorité, et qui est établie par l'article 30, chap. 8 de l'ordonnance de 1535, et de 1539, art. 134, au lieu de dater de la majorité de 25 ans, ne datera désormais que de celle de 21 ans accomplis ; le décret n'a rien changé à cet égard à ces loix anciennement établies, qui ne concernent que les mineurs, dont il n'est point ici question.

Mais, quant aux majeurs, qui avoient également dix années qui couroient du moment de la passation de l'acte, suivant l'article 46 de l'ordonnance de 1510, ils jouiront du même privilège, à compter de leur majorité de 21 ans. D'après cela, un homme qui, à l'âge de 21 ans, disposeroit de ses immeubles, qui les aliéneroit, le feroit d'une manière irrévocable, sans aucune espérance de restitution, pour simple lésion.

Mais nous ajouterons en même-tems que, comme les majeurs de 25 ans, avant l'époque de la fixation nouvelle de la majorité, avoient, pour se faire restituer, un délai de dix ans, depuis la passation de l'acte, et que d'après les termes et l'esprit du décret interprétatif, les majeurs de 21 ans doivent être désormais considérés, quant à leurs affaires privées, comme

comme l'étoient autrefois les majeurs de 25 ans, et qu'ainsi, l'intention des auteurs de ce nouveau décret, a été seulement d'abréger, et non point de supprimer le délai de la restitution; on doit en conclure que l'art. 46 de l'ordonnance de 1510, n'est pas abrogé, mais qu'il est renfermé dans le cercle de la majorité actuelle, et que les règles que cette ordonnance avoit établies pour les majeurs de 25 ans, doivent maintenant s'appliquer aux majeurs de 21. A cet âge, il est loisible de disposer de ses immeubles, d'en transporter à un tiers la propriété, à quelque titre que ce soit, et cette aliénation sera irrévocable et consommée, comme faite par celui qui, par la maturité de son âge, avoit le droit d'en disposer valablement, et dont la majorité étoit parfaite et absolue, relativement à tous les droits civils. Il ne sera plus possible de se faire restituer contre cette aliénation irrévocable; mais le majeur de 21 ans n'en jouira pas moins, comme celui de 25 ans, du délai des dix années, pour former sa demande en rescision, pour les causes de droit, telles que lésion d'outre-moitié, motifs de crainte, de violence, ou autre empêchement légitime de droit ou de fait, etc.

La donation étant une manière naturelle de disposer de sa chose, il faut la comprendre au rang des facultés dont jouissent actuellement les majeurs de 21 ans; ils peuvent disposer à cet âge entre-vifs, de leurs immeubles, comme de leurs meubles, par donation, comme par tout autre acte translatif de propriété : le décret concernant la majorité déroge sur ce point aux dispositions de plusieurs de nos Coutumes, qui, comme celle de Paris, titre 13, article 272, ne permettoient de disposer des immeubles qu'à 25 ans accomplis.

Cela s'applique également à la faculté de tester; on sait, pour ne citer ici que la même Coutume, qu'elle restreignoit cette faculté par l'article 283 du titre 14, à l'âge de vingt ans accomplis, pour pouvoir disposer des meubles, acquêts et conquêts, et qu'elle ne permettoit de disposer du quint des propres, qu'à celui de 25 ans accomplis. Cette restriction ne subsiste plus : d'après la fixation de la majorité, à 21 ans accomplis, on pourra disposer du quint de ses propres, comme du surplus de ses autres biens.

FIN.

OBSERVATION.

Les personnes qui voudront se servir, lors de la confection et rédaction *des actes* judiciaires qu'ils seront dans le cas de dresser, des différentes formules ci-après, que l'on a cru devoir leur proposer, pour aider et accélérer leurs opérations : ces mêmes personnes voudront bien observer : que *les affaires*, les faits et leurs circonstances particulières, changeant et se multipliant à l'infini, il n'a pas été possible de les prévoir, et de les indiquer toutes, à beaucoup près, ni de donner *la totalité* des formules dont il est possible d'avoir journellement besoin ;

Mais que c'est aux Officiers eux-mêmes, lorsqu'ils sont instruits, à bien examiner, sentir, saisir et énoncer, le plus précisément et le plus clairement possible, dans leurs procès-verbaux, toutes les particularités des faits, circonstances, lieux et personnes dont ils y font mention.

FORMULES
DES DIFFÉRENS ACTES
De Naissances, Mariages et Décès, suivant la nouvelle loi du 20 7bre 1792.

FORMULES DE NAISSANCES.

PREMIÈRE FORMULE.

LE jour de de l'an mil sept cent quatre-vingt et le de la République Française, heures d

Pardevant nous,

l'on remplira, dans ces blancs, les prénoms, les noms de famille, les profession ou qualités de l'Officier public qui recevra l'acte, et ceux des citoyens comparoissans et requerans, ainsi que les noms des Communes, Cantons, Districts et Départemens, où se trouvent situées leurs demeures:

Officier Public, demeurant à comme étant nommé et commis exprès (en exécution de la nouvelle loi du 20 Septembre 1792) *pour recevoir* les déclarations et tenir les registres des naissances, mariages, baptêmes et décès de cette Commune:

S'est présenté, Citoyen déclarant; demeurant à Commune d Canton d District d Département d ledit Citoyen duement assisté des deux témoins ci-après nommés, savoir:

1°. Du Citoyen,

2°. Et du Citoyen, lesdits deux citoyens, témoins, amenés exprès par ledit citoyen pour être présens à la confection de l'acte ci-après.

Lequel citoyen nous a déclaré » qu'il » lui est né le ..... de ce mois de et de » la citoyenne son épouse, un enfant » du sexe qu'il nous a représenté: et » auquel enfant il nous a déclaré vouloir » donner le prénom de lequel fait nous a été pareillement attesté par lesdits deux citoyens témoins, susnommés:

Requisition d'acte de la déclaration.

De laquelle déclaration ainsi à nous par lui présentement faite, ledit citoyen déclarant nous a requis acte, que nous lui avons octroyé pour lui servir et valoir en tems et lieu, et à qui il appartiendra, ce que de raison.

Fait audit lieu de et en la Maison Commune, lesdits jour, mois, an et heure que ci-dessus. Et lesdits citoyens, tant déclarants que témoins, *ont signé* avec nous sur le présent registre des naissances de ladite Commune de dont acte.

Nota. *Si l'un ou l'autre des citoyens présents ne peut ou ne sait signer, l'on en fera mention en ces termes :*

Ont signé, *à l'exception* d citoyen, qui a déclaré ne le savoir, (ou ne le pouvoir) de ce par nous duement requis, conformément à la loi, dont acte.

DEUXIEME FORMULE : *Déclaration et acte de naissance, faits par un Chirurgien, ou une Sage-Femme, dans le cas d'absence du mari.*

Le jour de etc. (*comme à la première et précédente formule, jusqu'à ce mot* : s'est présenté le citoyen Chirurgien, demeurant à lequel, assisté, etc. (s'il y a lieu) (*comme en la précédente formule*) nous a déclaré que le de ce mois de sur les heures d il a été invité, même requis, par un particulier qui lui a dit se nommer de se transporter à l'instant, en une maison sise à et en laquelle demeure la citoyenne se trouvant, en ce moment, pressée du mal d'enfant, et d'accoucher :

Nota. *L'importance de bien constater l'état d'un individu, exige la plus grande précision, dans les déclarations qui se font aux Officiers publics : ce à quoi ils ne peuvent avoir trop d'attention et d'exactitude, lorsqu'ils les reçoivent.*

Qu'en conséquence de cette requisition, le comparant s'est aussi-tôt transporté, avec le susdit particulier, en la susdite maison de lad. femme où étant arrivé, il l'a en effet trouvée en travail ; qu'il l'a accouchée d'un enfant du sexe provenant de lad. citoyenne et du citoyen son mari, *absent*, en ce moment de sa maison, et même de cette Commune (pour ses affaires) suivant que ladite femme son épouse, nous l'a déclaré en présence desdits témoins soussignés.

Et auquel enfant, ladite femme nous a déclaré vouloir donner, (et donnons en conséquence) les prénoms, et nom de famille, de.

De laquelle déclaration, à nous ainsi présentement faite par ledit citoyen chirurgien, et certifiée véritable par lesdits citoyens témoins, ledit citoyen déclarant nous a requis acte, etc. (*Le reste comme à la premiere formule, page* 246.)

TROISIEME FORMULE. *Déclaration et acte de naissance d'un enfant, dans une maison publique ou d'autrui.*

Le jour de etc. (*comme à la premiere formule*) s'est présenté le citoyen lequel nous a déclaré que le dud. présent mois, heures d la citoyenne demeurant en une maison sise en la Commune de Canton de District de Département de et dont elle est est accouchée d'un enfant du sexe lequel enfant est encore dans la maison de sa mère, sus-déclarée, et n'a pu être apporté, et représenté devant nous : attendu pour quoi ledit citoyen déclarant a cru devoir venir nous donner le présent avis, en la présence des susdits témoins, pour être par nous procédé, suivant l'exigence du cas. De laquelle présente déclaration, etc. (*comme à la premiere formule.*)

QUATRIEME FORMULE. *Acte de Naissance, à la* suite *d'un transport, par l'Officier public,* (en conséquence d'une requisition préalable) *dans la maison où est né et se trouve un enfant en péril imminent de mort, et qui ne peut être transporté.*

Le etc. Nous (*énoncer les prénoms, nom, qualités, etc.*) l'un des Membres et Officiers de la Commune de en conséquence de la requisition qui vient de nous être faite, et ci-dessus transcrite, nous sommes transportés en lad. maison sise en cette Commune de distant dont est (propriétaire) ou principal locataire, à l'effet d'y recevoir de qui il appartiendra, la déclaration ordonnée par la loi, sur la naissance récente d'un enfant du sexe dont la citoyenne est (ou paroît être) la mere, ce dont nous nous informerons bientôt et particulièrement ; lequel enfant nouvellement né a paru audit citoyen déclarant et requerant, être dans un péril imminent de mort ; ce qui n'a pas permis de le transporter en cette maison commune.

Et étant arrivés en la susdite maison, et montés dans une chambre au étage, nous y avons trouvé plusieurs personnes de différens sexes (*on les désignera toutes, ainsi que leurs prénoms, noms, qualités et demeures.*)

Tous lesquels citoyens et citoyennes nous ont unanimement déclaré » que le susdit en» fant est effectivement *né* le de ladite » femme et qu'ils desirent lui donner le » prénom de ce dont lesdits susnommés nous requierent acte desquelles requisitions, faits et déclarations ci-dessus, etc. (*comme à la premiere.*)

CINQUIEME FORMULE : *Déclaration et Acte de Naissance, d'un enfant qui a été trouvé exposé, et que ceux qui l'ont trouvé ont porté chez un Juge de Paix*, ou autre Officier de Police, *et dont ils ont dressé procès-verbal, qui doit être envoyé à la Municipalité du lieu, aux termes des articles 9, 10 et 11 du titre 3 de la susdite loi du 20 Septembre 1792.*

Le du mois de 179 etc. est comparu pardevant nous l'un des membres du Conseil général de la Commune de et en la maison de ladite commune, le citoyen demeurant à

Lequel citoyen nous a fait *apporter*,

et nous a présenté un enfant du sexe trouvé le exposé dans le lieu de suivant que ce fait est bien et duement constaté par le procès-verbal qu'en a dressé le citoyen Juge de paix, (ou autre Officier de police) de la commune de en date du et dont il nous a officiellement adressé une expédition en bonne forme, et qui nous a été remise, avec le susdit enfant, par le susdit citoyen lequel procès-verbal a été par nous exactement paraphé, *ne varietur*, pour être conservé, conformément à la susdite loi.

Et en exécution de cette même loi, nous avons donné d'office, au susdit enfant, le prénom de et nous avons ordonné que led. enfant seroit porté à la Paroisse de pour y être baptisé, et ensuite remis à pour en avoir le soin convenable.

Dont, et en foi de quoi, nous avons dressé et signé le présent procès-verbal, ès mêmes lieu, jour et heure susd., et sur lequel ont aussi signé, tant le porteur dud. enfant, que les autres personnes et témoins soussignés, dont acte.

Cas où il y a une addition à faire au présent procès-verbal.

Nota. *L'article 4e. de la section II du décret de la Convention nationale du 19 décembre 1792, exige (pour les villes où il y a 50,000 ames)* » *que, lorsque les citoyens feront aux Officiers municipaux, dans la maison commune,* » *des déclarations de naissances ou décès, ils*

» leur représentent *la copie du procès-verbal* » *de la déclaration qu'ils en ont dû faire,* » *d'abord, devant le Commissaire de police,* » *ou de la section du quartier où l'individu* » *dont il s'agit est né ou décédé* ».

Dans ce cas, l'Officier municipal fera au susdit procès-verbal l'addition convenable à cette circonstance, c'est-à-dire, du fait et de la représentation de cette même déclaration préliminaire, devant ledit Commissaire de la section précédemment indiquée.

SIXIEME FORMULE: *Déclaration de Naissance ou Décès, devant les Commissaires de police.*

Le jour du mois de 179 et le de la République Française, heures d est comparu et s'est présenté, en notre maison, et pardevant nous, Commissaire de police de demeurant à département de le citoyen (ou la citoyenne) demeurant à lequel, en exécution du décret de la Convention nationale du 19 décembre 1792, nous a déclaré, en présence et assisté de que le (*l'on énoncera la date, le jour et l'heure*) il a trouvé, dans la rue de la commune de un enfant du sexe *exposé* sur enveloppé de n'ayant sur lui aucun signe indicatif de ceux auxquels il peut appartenir; que l'humanité lui a fait aussi-tôt lever et recueillir, du mieux qu'il a pu, cet infortuné, qu'il nous apporte et représente, pour être par nous fait et ordonné ce que la circonstance exige de notre ministère, et desquels déclaration, apport et représentation dudit enfant, ledit citoyen déclarant nous requiert acte, et *même*, (s'il y a lieu) le remboursement des frais qu'il a été obligé de faire, pour venir dudit lieu de nous faire sa présente déclaration, et nous apporter ledit enfant; ce dont il nous requiert acte. Desquels déclaration, apport et remise dudit enfant, ainsi à nous fait par ledit citoyen nous lui avons donné acte, etc. etc. (suivant l'exigence) e c. *comme ci-devant*. et payé, etc.

FORMULES

De différens Actes nécessaires pour parvenir à un Mariage, suivant la nouvelle loi du 20 septembre 1792.

PREMIERE FORMULE : *Publication d'un Mariage entre majeurs.*

Cejourd'hui, dimanche jour de l'année 179 et le de la République Française, heure de

On fait à savoir à tous citoyens qui peuvent ou pourront y avoir intérêt, qu'il y a promesse et déclaration de Mariage, *entre* le citoyen fils, majeur, de et de son épouse, demeurant à commune de d'une part : et la citoyenne fille majeure de et de son épouse, demeurant à commune du d'autre part : et que cette présente publication, contenant les susdites déclarations, sera affichée pendant huit jours, aux termes de la loi, aux lieux et endroits nécessaires et prescrits, à ce que nul n'en puisse prétendre aucune cause d'ignorance ; dont acte. *Il paroît nécessaire d'ajouter*, » la présente publication, ainsi faite, par nous, (qualités, demeure, etc. de celui qui fait la publication.)

Nota. *L'on aura soin de bien indiquer les prénoms, noms, qualités, la demeure (et le lieu,* c'est-à-dire, *la Commune, District, Canton et Département de la demeure) des parties : si elles ont ou n'ont pas leur pere et mere : et dans ce cas, leurs prénoms, noms, qualités, demeures, et aussi les chefs-lieux de la situation de leur demeure, ou des lieux où ils sont décédés, etc.*

DEUXIEME FORMULE : *Publication de Mariage entre* des mineurs : *ou bien entre un majeur et une mineure.*

Cejourd'hui dimanche jour du mois de 179 et l'an de la République française, heures du matin.

L'on fait à savoir à tous citoyens ici présents, et autres qu'il appartiendra, et qui peuvent y avoir quelqu'intérêt, qu'il y a promesse et déclaration de Mariage *entre* le citoyen fils *mineur* de et de son épouse, ses pere et mere, demeurant en la Commune de d'une part, et la citoyenne (les prénom, nom, qualités, etc.) fille mineure de (comme ci-dessus.)

Laquelle présente publication, contenant lesdites déclarations, va être par nous, et restera, pendant huit jours, affichée aux lieux et endroits de cette Commune, nécessaires et prescrits, à ce que nul citoyen n'en puisse prétendre aucune cause d'ignorance : le tout conformément à la loi.

Ladite présente publication, ainsi faite par nous, etc. (prénom, nom et qualités de l'Officier qui procède.)

Le tout du consentement des, &c.

Nota. *des pere et mere, s'ils sont vivans ; (ou l'un d'eux) sinon du consentement des parens,* ou amis, *assemblés, desdits mineurs : si leurs pere et mere sont morts ; dont acte. (Les signatures.)*

TROISIEME FORMULE : *Inscription des Actes de Publications, sur le registre à ce destiné.*

Cejourd'hui jour du mois de 179 et l'an de la République française, heure de

Nous membre du conseil général de la Commune de au Département de District de Canton de au Département de y demeurant, rue comme étant Officier public, nommé et commis exprès, par pour recevoir les Déclarations et Actes de Mariage, et en faire les publications requises et prescrites par la loi ; déclarons faire et faisons présentement et publiquement, au devant de la principale porte et entrée de la susdite Maison commune dudit lieu de la publication de la susdite promesse et déclaration de Mariage, d'entre (*l'on rereprend l'énoncé des prénoms, noms, qualités et demeures de toutes les parties présentes et sus-nommées* :) expédition de laquelle publication a été à l'instant, par nous, mise et attachée aux tableaux publics, à ce destinés, dans cette Commune, pour y rester pendant tout le tems prescrit par la loi. Dont acte, fait par nous, Officier public, susdit et soussigné.

Opposition à un Mariage, etc. de la part de l'Officier public, dans le cas où ils y sont autorisés par la loi susdite.

Nota. *L'on n'a pas besoin d'observer qu'une pareille opposition se fait, quant à la forme,* comme toutes les autres ; *qu'elle doit être signifiée aux Officiers municipaux de la Commune des parties contractantes, en la personne du citoyen Procureur syndic de la Commune du domicile du et sur-tout, qu'elle doit* rigoureusement *contenir les prénoms, noms, états et demeures de toutes les parties* (de leurs *parens et amis, lorsqu'elles sont mineures*) et *notamment, les causes et motifs, bien circonstanciés, de ces oppositions.*

*Et enfin, que ces oppositions doivent être visées par l'*Officier public, *qui en sera chargé, des jour, mois, an et heures* auxquels *elles lui auront été signifiées : sur tout quoi, il faut soigneusement revoir, au besoin, la loi, et s'y conformer strictement.*

QUATRIEME FORMULE : *Du* visa *de l'Officier public :*

Vu par nous, Officier public, qualifié et domicilié, suivant qu'il est dit au présent acte ci-dessus ; cejourd'hui du mois de 179 l'an de la République française heures d et nous avons signé.

Formule ordinaire d'un Acte de Mariage entre majeurs, et auquel il n'est survenu aucune opposition, ou dont les oppositions ont été duement jugées *et levées.*

Nota. *Avant de procéder à la rédaction d'un pareil Acte, il faut avoir soin de se bien pénétrer des qualités de toutes les parties qui doivent être présentes à l'acte, et le signer.*

CINQUIEME FORMULE.

Cejourd'hui du mois de 179 l'an de la République française heures d jour choisi par les futurs époux et leur famille, ou amis ci-après nommés, pour être procédé à la déclaration de leur mariage, en la salle publique de la Maison commune de District de Canton de au Département de

Pardevant nous (*si c'est le maire devant qui l'on procède, l'on énoncera pareillement ses prénoms, nom, qualités et demeure*) l'un des Officiers publics de cette même Commune de nommé, et commis *exprès* pour, en exécution de la loi du 20 septembre 1792, relative aux Mariages, recevoir toutes les déclarations des Mariages, et tenir les registres destinés à l'enregistrement desdits Actes de Mariages des citoyens de ladite Commune, (et qui sont *dans le cas* de s'y marier.)

Se sont présentés, le citoyen (l'époux) et la citoyenne (l'épouse.) (*Il est bon de donner les noms des pere et mere, en ces termes: fils de*) plus, et les citoyens (leurs noms, qualités et demeures, les dégrés *de parenté*, ou de *non-parenté*:) *témoins* par eux amenés exprès, comme requis par la loi susdatée, pour constater la vérité du mariage dont il s'agit présentement entre lesdits futurs époux sus-nommés, et qualifiés :

Et après qu'en la présence desdits citoyen et citoyenne, *futurs époux*; (il sera bon de reprendre leurs prénoms et noms ci-dessus énoncés) il a été *fait lecture* et publication, à haute et intelligible voix, et par nous, Officier susdit et soussigné, de l'acte de la publication des promesse et déclaration dudit mariage, entre led. et lad. fille susqualifiés: ladite publication duement faite aud. lieu de ledit jour dud. mois de dernier, placée et restée déposée et affichée, ès tableaux publics de céans, aux termes de la susdite loi: et publication de promesse et déclaration du susd. mariage; il n'est survenu aucune opposition ni empêchement à notre connoissance:

Et encore, après que ledit citoyen futur époux a déclaré en notre présence et en celle desdits citoyens témoins, ci-devant nommés et qualifiés, prendre en mariage lad. fille pour son épouse:

Et que ladite citoyenne et fille future épouse, a aussi déclaré, tant en notre présence qu'en celle desdits citoyens témoins sus-nommés et qualifiés, prendre en mariage ledit citoyen pour son époux:

Nous, Officier public susdit et soussigné, avons, en la présence de toutes lesd. parties et témoins, et au nom de la loi, déclaré et déclarons led. citoyen et lad. citoyenne, et fille être duement *unis* en mariage.

Dont et de tout quoi nous, Officier susd. avons fait et dressé le présent acte, pour servir et valoir, en tems et lieu, et à qui il appartiendra, ce que de raison : et auquel acte ont signé, avec nous, toutes lesdites parties susnommées, et lesdits témoins amenés par lesd. époux ; dont acte.

(S'il se trouve une ou plusieurs personnes qui ne puissent ou ne sachent signer, il en sera fait mention, (comme ci-devant.)

SIXIEME FORMULE : *Acte de Mariage entre deux personnes, dont l'une est* veuve, *ou a été* divorcée *d'avec une autre.*

Cejourd'hui, etc. (comme à la précédente formule, et jusqu'à ces mots, *se sont présentés* : sauf toutefois les changemens que les circonstances du veuvage, ou du divorce, et l'*énoncé* des actes qui les constatent légalement, peuvent nécessiter.)

Se sont présentés, le citoyen *veuf,* (*ou divorcé*) de ci-devant son épouse, *suivant* qu'il est bien et duement constaté par l'extrait des registres du citoyen Officier public de la Commune de District de Canton du au Département de qu'il nous a représenté ; lequel extrait, en date du et délivré le par le susd. citoyen gardien dudit registre *des divorces* de ladite Commune de constate *que led. citoyen*, futur époux, a été effectivement et duement *divorcé* en conséquence de la susdite loi du de la citoyenne avec laquelle il avoit ci-devant contracté, et fait déclarer son mariage.

Nota. *Si le futur époux est veuf, avec ou sans enfans, les énoncés s'en feront en ces termes, ou autres équivalens.*

Le citoyen veuf, avec enfans (ou sans enfans) de sa première femme, suivant qu'il est constaté par son extrait mortuaire, en date du tiré des registres de l'église de (ou de la Commune de) et délivré le 17 par le citoyen *gardien* des registres de cette même Commune : et (s'il y a lieu) duement légalisé par ledit citoyen, demeurant à et futur époux, *assisté* de ses témoins; d'une part :

Et la citoyenne veuve du citoyen ci-devant son mari, suivant qu'il est bien et duement justifié par l'acte mortuaire dudit tiré des registres de décès de la paroisse de (ou de la Commune de) en date du et *délivré* le 17 par le citoyen Prêtre, Curé de ladite église (ou l'Officier public de ladit Commune de) et duement légalisé. Ladite] citoyenne, future épouse; veuve, avec enfans, (ou sans enfans) dudit demeurant à et aussi assistée de ses témoins, d'autre part :

Lesdits témoins exprès amenés par lesdits futurs époux, pour constater leur mariage ci-après.

Après qu'en la présence desdits témoins et assistans sus-nommés, il a été fait lecture et publication, à haute et intelligible voix, dudit acte de la publication desd. promesses et déclaration dudit mariage actuel, d'entre, etc.

Nota. *Tout le reste, comme à la précédente formule cinquième*, excepté *ce que les circonstances ou le sexe des futurs époux nécessite d'y changer: ce qu'il seroit superflu d'expliquer, ou plutôt, de vouloir recommencer.*

SEPTIEME FORMULE: *Acte de Mariage, entre majeurs, et auquel il seroit survenu une (ou des oppositions) dont il a été donné volontairement*, ou ordonné *la main-levée.*

Cejourd'hui, etc. (comme à la formule cinquiéme, jusqu'à ces mots) *déposée* et restée affichée au tableau public de en exécution de la susdite loi:

Vu aussi l opposition formée ci-devant au mariage lors projetté entre lesdits futurs époux sus-nommés, par, et à la requête du citoyen (énoncer les prénoms, noms, qualités et demeures, tant de l'opposant que de l'huissier qui a signé l'opposition) demeurant à par acte, ou exploit, du fait par huissier reçu et immatriculé au tribunal de

Comme aussi la main-levée de la susdite opposition, *volontairement* donnée par ledit citoyen opposant, par acte *reçu* par qui en a la minute, et son confrere, notaires à (ou présens témoins, lorsque l'acte n'est pas signé de deux notaires.) le duement enregistré et légalisé.

Nota. *Ou bien si la main-levée a été ordonnée par un jugement quelconque.*

La main-levée de laquelle opposition a été faite par jugement rendu contradictoirement entre les parties, au tribunal de le 17 duement signé et enregistré à le et signifié; et duquel jugement il n'a été, à notre connoissance, interjetté aucun appel, suivant qu'il résulte du certificat du citoyen avoué près dud. tribunal du en date du étant en marge dud. jugement.

Nota. *Si le jugement de main levée d'opposition a été rendu* par défaut, *on l'énoncera en ces termes:*

La main-levée de laquelle opposition a été prononcée par jugement rendu par défaut, au tribunal du le duement signé et enregistré, a été signifiée audit opposant, par exploit du fait par le citoyen huissier audiencier près du même tribunal, et enregistré à par et auquel jugement par défaut il n'a pas été formé d'opposition dans la huitaine de sa signification, suivant qu'il est constaté par le certificat du citoyen avoué près ledit tribunal, en date du 17 étant en marge dudit jugement susdaté.

Expédition duquel jugement, portant la susdite main-levée, à nous remise par lesdits futurs époux, sera conservée dans nos minutes, pour y avoir recours.

Nota. *Tout le reste, comme audit acte, projetté en la cinquième formule, sauf les changemens nécessités par les noms, qualités ou autres circonstances.*

Huitieme Formule. *Acte d'assemblée de famille*, convoquée *pour donner ou refuser son consentement, pour le mariage d'un mineur: et aux termes des articles 6, 7, 8 et 9 de la section 1re du titre 4 de la loi du 20 septembre 1792, et dans les différens cas y portés.*

Le jour du mois de 17 l'an de la République Française heures d en l'hôtel de la Commune de district de Canton d au Département de

Et pardevant nous Maire, (ou Officier municipal de cette même Commune, et étant de service à l'effet ci-après) et en la présence du citoyen *Procureur-syndic* de ladite Commune

S'est présenté le citoyen (noms, qualités et demeures) au nom et comme tuteur de étant encore mineur: et *fils* de ses pere et mere.

Nota. *Enoncer leurs prénoms, nom, qualités et demeures: si tous deux (ou l'un d'eux) sont* décédés: *et* relater *l'acte qui peut constater ce point de fait, et que l'on doit représenter*

nter; et la sentence de tutelle.

edit mineur demeurant en la Commune de District de Canton de Département de

Lequel citoyen *tuteur* nous a dit et déclaré que ledit mineur est dans l'intention, et sur le point de contracter mariage avec la citoyenne, fille m de et de son épouse: ladite citoyenne future épouse demeurant à District, etc.

Qu'en conséquence, ledit tuteur a fait convoquer et inviter les citoyens parens et amis, ci-après nommés et qualifiés, dudit mineur pour donner leur avis, et, si bon leur semble, leur consentement, ou refus, audit mariage: le tout en exécution des articles de la susd. loi, sus-énoncés. Qu'il nous requiert donc de vouloir bien demander et recueillir leurs avis à cet égard; après que, sur la proposition qui leur en sera faite, ils auront délibéré entre eux; et a signé.

Sont aussi à l'instant comparus pardevant nous, Maire, et Procureur-syndic de la commune susdite, et soussignés, les parens, (ou amis, à défaut de parens) dudit mineur futur époux, au nombre de cinq, suivant la loi, et ci-après nommés;

SAVOIR:

1°. Le citoyen oncle paternel dudit mineur, demeurant à

2°. Le citoyen aussi oncle du côté paternel, audit mineur, à cause de la citoyenne son épouse, demeurant à

3°. Le citoyen cousin issu de germain, du côté maternel, demeurant à

4°. Le citoyen cousin, au même dégré, audit mineur, demeurant en la Commune de

5°. Enfin, le citoyen demeurant à ami dudit mineur. *Enoncer s'ils ne sont que voisins ou amis.*

Tous lesdits citoyens parens et amis convoqués audit effet, et sus qualifiés, *majeurs*, suivant la loi.

Auxquels citoyens, parens et amis dudit mineur, et ici présens, ayant exposé le sujet de ladite assemblée, et fait lecture du requisitoire dudit citoyen tuteur dudit mineur et ci-dessus énoncé ; et *après* qu'ils en ont eu mûrement et librement délibéré entre eux, nous ont unanimement déclaré qu'ils sont d'avis de donner, comme en effet ils donnent par ces présentes, leur avis et consentement pour ledit mariage projetté et proposé, entre ledit mineur et ladite citoyenne future épouse, ainsi qu'ils le désirent : ce dont ledit citoyen *tuteur*, lesdits deux futurs époux, et leursdits cinq parens et amis susnommés nous ont requis acte, que nous leur avons octroyé pour leur servir et valoir ce que de raison, et ils ont tous signé avec nous, et ledit Procureur de la Commune, sur le présent procès-verbal, dont acte.

Nota. *Lorsqu'il n'y a pas unanimité dans les avis, pour ou contre, il faut constater les avis d'un chacun, et se décider pour celui de la majorité de* trois *contre deux*: (*à peu près dans ces termes*,

Et lesdits parens et amis susnommés, en ayant librement délibéré entre eux:

Les deux citoyens et ont déclaré être d'avis *de donner*, et ont donné leur consentement audit mariage ci-dessus proposé pour ledit mineur, futur époux, qu'ils approuvent, et ont signé.

Et au contraire, les trois autres citoyens tel tel et tel nous ont déclaré précisément ne point approuver led. mariage, pour led. mineur et s'y refuser absolument, et même s'y opposer; ce dont les susd. trois derniers citoyens nous ont requis acte, et ont signé.

De toutes lesquelles requisitions, dires et déclarations desdites parties comparantes et susnommées nous avons fait et dressé le présent procès-verval, pour servir et valoir audit mineur futur époux, aux termes de l'article 9, section 1re du titre 4 de la susd. loi, et en tems et lieu, ce que de raison.

Et ont tous lesdits parens et amis dudit citoyen mineur signé au présent acte, avec nous, et le citoyen procureur de ladite Commune, dont acte.

NEUVIEME FORMULE : *Acte de Mariage entre deux mineurs, ou entre un majeur et un mineur.*

Cejourd'hui jour du mois de l'an de la République française heures d (comme en la formule 5e ci-devant, jusqu'à ces mots : » et après qu'il a été fait lecture, etc.) et, après que, tant en notre présence qu'en celle desdits citoyens comparans et sus-nommés, ainsi qu'en la présence dudit citoyen procureur de cette même Commune de il a été fait lecture du *consentement* des citoyens pere et mere desdits futurs époux, (lorsqu'ils sont vivans et absens) donné par acte passé devant (*énoncer* cet acte) *ou bien, donné en l'assemblée des citoyens parens et amis desdits futurs époux, attendu* leur minorité, *et le décès* duement *constaté de leurs pere et mere :* (ou, de l'un d'eux, s'il y en a encore un vivant.)

Ladite assemblée convoquée et tenue le dernier, devant le citoyen Maire, (ou Officier municipal) de la Commune de aux termes de la susd. loi, et dont une expédition du procès-verbal qui la constate avoir été *légalement* tenue, nous a été représentée et remise par demeurera *déposée* au secrétariat de cette même Commune de pour y avoir recours.

Lecture aussi parcillement faite de l'acte de la publication, audit lieu de le Dimanche du mois de d et, des promesse et déclaration dudit mariage lors projetté entre lesdits futurs époux; laquelle publication a été ensuite et tout aussi-t t *affichée*, au lieu et pendant le temps prescrits par la loi, et est restée *déposée* au tableau des mariages de ladite Commune, pendant le tems prescrit par la susdite loi:

Et auxquelles publication et déclaration *dudit Mariage* dont il s'agit, il n'est survenu, à notre connoissance, aucune opposition.

Nota. *S'il y a eu des oppositions audit mariage, et qu'elles aient été* levées, *en faire les énoncés, comme on l'a fait en la septième Formule, ci-devant.*

Et encore, après que ledit citoyen futur époux, etc. (comme en la Formule cinquième, ci-devant.)

FORMULES

Des Actes à faire, pour constater régulièrement les Décès *des citoyens.*

Nota. *L'on doit savoir que les déclarations de décès doivent être faites comme celles des naissances (dans les Communes de cinquante mille ames) devant les Officiers-Commissaires de Police.*

Comme aussi, que dans ces sortes d'Actes; (comme dans tous ceux précédemment projetté et proposés) » tous les renvois et ratures quelconques en doivent être soigneusement approuvés et paraphés par toutes les parties,

» *et les Officiers qui les reçoivent; et enfin,*
» *qu'il ne doit y avoir aucuns chiffres, abbré-*
» *viations, ni interligne.*

PREMIERE FORMULE *ordinaire de déclaration d'acte de* décès *d'un citoyen.*

Cejourd'hui jour du mois de l'an de la République française, heures d

Nous Commissaire de police de la Commune (ou de la Section) de y demeurant, rue commis et nommés pour recevoir les déclarations et tenir les registres des décès des citoyens et habitans de ladite Commune, (ou, si cet Officier est absent) les noms du substituant; en conséquence de la déclaration qui vient de nous être faite par citoyen demeurant en cette Commune, rue n°. du décès récemment arrivé le sur les heures d dans la rue de cette même Commune, maison du citoyen d'un particulier et dont le citoyen

Nota. *Prendre et inscrire, très-exactement, les prénoms, noms, lieux des naissances, sexes, professions et lieux de domicile des citoyens ou citoyennes* décédés: *s'ils étoient ou n'étoient pas mariés, divorcés ou veufs, et* de *qui; majeurs ou mineurs; et dans ce cas, les prénoms, noms, etc. de leurs pere et mere.*

Comme aussi, les prénoms, noms, âge, qualités et domiciles des déclarans; leurs dégrés de parenté, s'ils sont parens: sinon, déclarer

qu'ils sont amis ou voisins du défunt, etc. suivant les circonstances.:

Nous sommes transportés, accompagnés desdits citoyens déclarans, en la susd. maison par eux à nous sus-indiquée, et étant entrés avec eux dans une chambre sise au étage de ladite maison, nous nous y sommes bien assurés par nous mêmes, du décès dudit citoyen par l'inspection de son cadavre, que lesdits déclarans nous ont certifié être bien celui dud. citoyen dont ils nous ont ci-dessus donné l'indication, et sus-nommé et qualifié ; et sur lequel cadavre nous n'avons remarqué (ou nous avons remarqué) aucun signe de mort violente : (ou bien)

Dont et de quoi nous avons dressé le présent procès-verbal, ou acte de décès : et auquel lesdits déclarans ont signé avec nous ; Commissaire susdit, dont acte.

DEUXIEME FORMULE : *Acte de Décès, arrivé dans les maisons ou retraites publiques, ou dans la maison d'autrui.*

Le jour du mois d et l'an de la République française, etc.

En conséquence de la déclaration à nous présentement faite par le citoyen directeur (ou administrateur) *de l'hôpital* de (ou maison publique de) y demeurant ; du décès de la personne, ou citoyen (comme au précédent acte) nous sommes transportés avec ledit citoyen sus-déclarant, en ladite maison, ou hôpital de où étant, et après avoir fait les informations et vérifications nécessaires, et nous y être bien assurés par nous mêmes du décès dudit citoyen ou citoyenne et n'ayant pu nous procurer de plus amples renseignemens sur ses prénoms, nom, qualité, âge, lieu de naissance et demeure précédente, nous avons de tout ce que dessus, fait et dressé, etc.

Nota. *Dans le cas où le défunt ne se trouve pas être habitant du lieu où il est décédé, l'Officier public qui* auroit reçu *l'acte ci-dessus. doit l'envoyer, ou du moins un extrait, à l'Officier public du domicile du défunt, qui le conservera, et le* transcrira *sur son registre, d'après l'*attestation *de sa véracité, au bas de sa transcription, en la forme ci-après, ou autre qu'il préfèrera.*

Modèle de cette attestation.

Nous Officier de police de susdit et soussigné, certifions que l'acte, ou extrait de l'acte ci-dessus transcrit, *est conforme* à celui qui nous a été envoyé par le citoyen Commissaire de police (ou officier municipal et public) de la Commune de District de Canton de au Département de pour nous aider à d'autant mieux constater le décès, ainsi que les noms, qualités et demeure du citoyen (*énoncer, le plus précisément possible, ces mêmes noms et qualités quelconques, anciennes et actuelles, du défunt, pour qu'il n'y ait point d'équivoque sur l'identité de l'acte, ou de l'individu décédé, avec celui désigné, et dont il s'agit dans l'acte.*)

Lequel susdit extrait, ainsi à nous adressé, nous avons reçu, et recevons, pour être conservé au soutien dudit acte de décès, et y avoir recours au besoin. Et nous avons signé; dont acte.

Nota. *Peut-être seroit-il bon de faire mention, en marge de ce certificat, ainsi envoyé par un Officier public à un autre, de la date et du jour qu'il a été reçu, et des noms et qualités de l'Officier qui l'a reçu.*

TROISIEME FORMULE: *Acte de Décès de personnes mortes d'une mort violente, et qui n'auront pu être inhumées qu'après qu'il auroit été dressé, par l'Officier public du lieu, ou le plus prochain, dans l'arrondissement, procès-verbal de l'état de leurs cadavres, sur l'avis qui lui en sera donné par l'Officier de police de l'endroit; et d'après le vu de l'extrait de son premier procès-verbal, relatif à l'accident, à sa cause et à ses circonstances, qui doivent être très-scrupuleusement saisies, recueillies et énoncées.*

Cejourd'hui, (*il est bon de désigner le jour de la semaine.*) jour de 179 l'an de la République française, heures de

Nous (énonciation des qualités de l'Officier requis, et comme à la première des formules pour les actes *de décès.*) en conséquence de l'avis qui vient de nous être tout présentement donné par le citoyen Officier public, (ou Juge de paix) de la Commune de District Canton de au Département de par l'extrait de son procès-verbal du à nous adressé, (ou à nous présentement donné verbalement) ou manuellement remis par du décès, arrivé à le de la personne du citoyen trouvé à

Nota. *Avoir grand soin de bien prendre, soit dans l'extrait dudit procès-verbal, soit par la déclaration des témoins oculaires, si la dénonciation est verbale, tous les renseignemens et indications nécessaires et possibles, comme on l'a déjà observé, sur les prénoms, nom de famille, sexe, lieu de naissance, profession, demeure actuelle ou dernière; lieu, cause, nature et circonstances des accidens ou blessures qui ont occasionné la mort de la personne.*

Comme aussi, si elle est majeure ou mineure; si elle a, ou n'a pas ses pere et mere; si elle est mariée, *veuve ou divorcée, et d'*avec *qui.*

Plus, les prénoms, nom et autres qualités, du chirurgien mandé par l'Officier, et venu pour visiter le cadavre (ou lui administrer des secours, lorsqu'on ne le croit pas mort, tel qu'un noyé ou autrement suffoqué.)

Comme encore, les déclarations des témoins *qui se présentent, ou que l'on* soupçonne *pouvoir donner quelques renseignemens directs ou indirects sur la cause et les circonstances de*

l'accident, ou du corps de délit énoncé au procès-verbal actuel, etc. etc. En un mot, tout ce qui peut servir à bien constater, éclaircir et prouver la cause, les circonstances, l'auteur et les complices (si c'est le cas) de la mort du particulier dont il s'agit, pour pouvoir le dénoncer à l'accusateur public. Toutes les plus petites explications pouvant produire enfin, des preuves ou adminicules de preuves, et étant toujours très-précieuses en pareils cas :

Nous sommes aussi-tôt transportés, avec notre greffier, ou secrétaire, et ledit déclarant, audit lieu de (désignation du lieu) où *étant arrivés*, nous avons en effet trouvé, etc. (exposition des faits, d'après la note ci-dessus.)

De tous lesquels faits, dires et déclarations sus-énoncés, et par nous vus, entendus et reçus, nous avons fait et dressé le présent procès-verbal, auquel nous avons vaqué depuis ladite heure de jusqu'à celle de sonnée, auquel nous avons annexé le sud. extrait dudit procès-verbal, à nous adressé, (ou remis) comme dit est, et daté dudit jour 179. et auquel étoient présens les citoyens (énoncer pareillement leurs prénoms, noms, professions et demeures, etc.) et sur lequel procès-verbal tous lesdits citoyens sus-nommés et qualifiés, ont signé avec nous. (à l'exception toutefois dudit citoyen qui nous a *déclaré* ne le) de ce faire par nous requis, suivant la loi; dont acte.

OBSERVATIONS

L'ON observe qu'il est encore un genre de mort violente :

C'est celui des personnes privées de la vie, en vertu ou en exécution des jugemens criminels qui les y ont condamnés.

Il paroît que la nouvelle loi du 20 Septembre 1792, n'a pas encore fixé le mode de *constater* légalement leur décès, et de s'en faire délivrer acte, en cas de besoin.

L'on estime donc que ce doit être au ministre de la justice à solliciter et faire rendre à ce sujet, par la Convention nationale, un décret additionnel à cette même loi.

Pour quoi l'on n'estime pas devoir ici, proposer aucune formule sur le mode de dresser et de se faire délivrer ces sortes d'actes.

Fin des Formules et de tout l'Ouvrage.

BIBLIOTHÈQUE ROYALE

www.ingramcontent.com/pod-product-compliance
Ingram Content Group UK Ltd.
Pitfield, Milton Keynes, MK11 3LW, UK
UKHW020557230726
13926UKWH00005B/2062

9 782016 134610